서사와 인공지능

JN435521

AI문고

인공지능 시대입니다. 기계가 인간의 인지를 대신하고, 사물이 인간을 통하지 않고 다른 사물과 직접 커뮤니케이션합니다. 이에 따른 인간 삶과 문명 변화를 정확히 이해 · 예측 · 대응하는 것은 이 시대 우리 모두의 과제입니다. AI문고는 인공지능 기술과 환경의 여러 주제를 10가지 키워드로 정리합니다. 관련 개념과 이론, 학계와 산업계의 쟁점, 우리 일상의 변화를 다룹니다. 인간과 기술의 현재, 미래를 세심히 분석합니다.

일러두기

- 인명, 작품명, 저서명, 개념어 등은 한글과 함께 괄호 안에 해당 국가의 원어를 병기했습니다.
- 외래어 표기는 현행 어문규정의 외래어표기법을 따랐습니다. 다만 '딥러닝', '딥마인드', '딥페이크' 등은 관행을 따랐습니다.

처음이세요?

전문가세요?

지금, 큐알 찍으면

- AI 입문서 바로 선물
- 당신만의 필독서 추천
- 500권 요약본 공짜
- 오디오북 무료 사용

서사와 인공지능

배병철

대한민국, 서울, 커뮤니케이션북스, 2025

서사와 인공지능

지은이 배병철
펴낸이 박영률

초판 1쇄 펴낸날 2025년 2월 3일

커뮤니케이션북스(주)
출판 등록 2007년 8월 17일 제313-2007-000166호
02880 서울시 성북구 성북로 5-11
전화(02) 7474 001, 팩스(02) 736 5047
commbooks@commbooks.com
www.commbooks.com

이 책은 커뮤니케이션북스(주)가 저작권자와 계약해 발행했습니다.
본사의 서면 허락 없이는 어떠한 형태나 수단으로도
이 책의 내용을 이용할 수 없음을 알려드립니다.

© 배병철, 2025

ISBN 979-11-7307-465-3 03500

책값은 뒤표지에 표시되어 있습니다.

차례

창의적 인공지능과 서사 vii

01 서사와 인공지능 1

02 플롯 15

03 캐릭터 27

04 플래시백과 복선 41

05 시점과 초점화 55

06 인터랙티브 서사 69

07 게임, 서사, 그리고 영웅의 여정 83

08 서사 감정 95

09 흥미로운 서사 생성 109

10 인공지능과 함께 창의적 글쓰기 121

창의적 인공지능과 서사

"팝니다: 아기 신발, 사용한 적 없음."

("For sale: baby shoes, never worn.")

'여섯 단어로 이야기를 만들 수 있나요?'라는 질문에 어니스트 헤밍웨이(Ernest Hemingway)가 즉석에서 만들었다고 알려진, 세상에서 가장 짧은 소설들 중 하나다(단, 헤밍웨이가 이 짧은 소설의 진짜 작가인지 사실 여부는 명확하지 않다–나무위키, Wikipedia 참조). 50대의 나이에 퓰리처상과 노벨 문학상을 수상한 헤밍웨이의 작품이든 아니면 어떤 이름 없는 작가의 작품이든 상관없다. 여섯 단어만으로 이렇게 독자의 마음을 사로잡을 수 있다면 놀라운 글솜씨다. 2016년부터 가르치고 있는 〈인터랙티브 스토리텔링〉 수업 시간에서 이 여섯 단어의 문장을 소개하며, "이런 글을 쓰려면 삶의 '경험'이 중요합니다. 인공지능은 절대로 이런 글을 쓸 수 없을 거예요"라고 이야기하곤 했다. 오픈AI(OpenAI)의 챗GPT(ChatGPT)가 등장한 2022년 전까지는.

인공지능의 시대라고 한다. 인공지능 때문에 사라지는 직업이 생기고, 인공지능을 업무에 적극적으로 활용해 업무 효율을 높여야만 경쟁에서 살아남는다고 주장한다. 정말 그럴까? 인공지능 역사에서 인공지능에 대한 재정적 후원이 끊기고 대중의 관심으로부터 멀어진 '인공지능의 겨울(AI Winter)'이 1970년대와 1980년대 후반에 두 번 있었다. 지금은 인공지능의 인기가 하늘을 찌를 것처럼 높지만, 기대만큼이나 큰 실망과 함께 세 번째 인공지능의 겨울이 올 수도 있다. 아니면 스튜어트 러셀(Russell, 2019)이나 요슈아 벤지오(경향신문, 2024)와 같은 석학들의 경고처럼 인공지능의 발전이 인류에게 곧 위협으로 다가올 가능성이 커서 잠시 발전을 멈추고 인공지능의 위험성을 살펴보아야 할지도 모른다. 현재 인공지능은 브레이크 없이 (그리고 기관사 없이) 달리는 폭주 기관차일 수도 있다. 둘 중 어떤 것을 믿을지는 개인의 판단이지만, 개인적으로는 러셀이나 벤지오 교수의 말에 동감한다. 특히 챗GPT, 라마(LLaMA), 제미나이(Gemini) 등으로 대표되는 대규모 언어 모델(Large Language Model, LLM)의 발전 속도가 상상 이상으로 빠르다. '사람보다 나은데'라고 혼자 생각하는 경우가 점점 늘고 있어서 한편으로는 무섭다.

이 책에서 다루는 내용은 인공지능 중에서도 '서사(narrative)'와 관련된 인공지능 이야기다. '인공지능'과 '서사'라는 두 용어가 이질적으로 느껴질 수도 있다. 하나는 첨단 과학 기술의 일종이고, 다른 하나는 인류 역사와 함께한 중요한 문화유산의 한 형식이다. (편견이겠지만) 공학을 포함한 이과생은 '서사'라는 말에 멈칫할 것 같고, 문과생이라면 '인공지능'이라는 말에 무의식적으로 거리감을 느낄지 모르겠다.

'서사'는 사실 '스토리(story, 즉 이야기)'와 크게 다르지 않다. '이야기'의 정의나 형식, 구조 등에 대해 잘 모르더라도 우리는 이미 '이야기'에 친숙하다. 갓난아이 때부터 이야기를 들어 왔고, 살아오면서 친구들과 동료들과 그리고 가족과 함께 '이야기'를 한다. 최근 있었던 이야기, 누군가로부터 들은 이야기, 영화나 소설 이야기 등등. 이야기를 잘할 수도 있고 잘 못할 수도 있다. 그래도 괜찮다. 중요한 건 이야기를 하는 사람과 듣는 사람 간의 '관계'이기 때문이다. 그 밖에도 우리가 일상에서 접하는 광고, 업무에서 종종 필요한 프레젠테이션 등 커뮤니케이션에서 '스토리'와 '텔링(즉, 스토리의 전달)'은 빼놓을 수 없는 요소다.

인공지능의 탄생

'서사'처럼 '인공지능'이란 용어도 어딘지 모르게 멀게 (또는 차갑게) 느껴질 수 있다. 인공지능이란 용어가 공식적으로 처음 생긴 건 1956년이다. 미국 동북부 뉴햄프셔주에 있는 (아이비리그 대학 중 하나인) 다트머스 대학교(Dartmouth College)에서 1956년 여름 당시 수학과 조교수였던 젊은 존 매카시(John McCarthy)는 앨런 튜링(Alan Turing)의 '지능이 있는 기계'라는 개념에 매혹되었고, 동료들을 모아 총 10명으로 구성된 워크숍을 두 달 동안 개최한다. 당시 참석자로는 역시 젊은 마빈 민스키, 너새니얼 로체스터, 클로드 섀넌과 같이 지금은 AI를 포함한 관련 분야의 쟁쟁한 석학들이 있다(McCorduck et al, 1977). 다음은 워크숍 1년 전에 존 매카시 교수가 동료들과 함께 제안했던 제안서 내용으로, 처음으로 '인공지능'이라는 말이 등장한다.

> "우리는 1956년 여름 동안 뉴햄프셔주 하노버에 위치한 다트머스 대학교에서 2개월간, 10명의 연구진이 참여해 인공지능에 관한 연구를 수행할 것을 제안합니다. 이 연구는 학습의 모든 측면이나 그 밖의 다른 지능의 특징들을 매우 정확하게 기술하는 것이 원칙적으로 가능해서 이를 모방할 수

있는 기계를 만들 수 있다는 가정하에 진행될 예정입니다. 기계가 언어를 사용하고, 추상화와 개념을 형성하며, 현재 인간만이 해결할 수 있는 유형의 문제를 풀고, 스스로를 개선하는 방법을 찾기 위한 노력을 할 것입니다. 면밀하게 선별된 과학자들이 여름 동안 함께 이 문제들을 다루면서 이 중 하나 또는 그 이상의 문제에서 상당한 진보를 이룰 수 있을 것으로 생각합니다."(Wikipedia 참조)

존 매카시 교수와 동료들이 작성한 위의 제안서를 보면 당시로는 상상하기 어려운 문제들을 당당히 풀어 보겠다고 제안하는 것이 재밌다. 매카시가 제안한 네 가지 문제들을 하나씩 살펴보자.

첫째, "기계가 언어를 사용하게 하는 방법"이다. 여기서 기계는 곧 컴퓨터를 의미한다. 8-비트[비트(bit)는 0 또는 1을 나타내는 단위고, 현재의 퍼스널 컴퓨터는 64-비트 체계가 주류를 이룬다. 비트 체계가 높을수록 한 번에 처리하는 정보량이 많다] 애플 I 컴퓨터가 처음 출시된 해가 1976년이고, MS-DOS 운영 체제의 IBM 퍼스널 컴퓨터(Personal Computer, PC)가 출시된 것이 1981년이니까 아직 일반인에게는 '컴퓨터'의 개념이 없었을 때이고, 산업용이나 연구용으로 사용되는 컴퓨터 또한 성능이 매우 낮았을 것이다. '언어'는 두 가지 의미로 생각할 수 있다. 하나는 기계와 인간이 상호 작용을 할 수 있는 (즉, 사람이 기계에게 명령을 줄 수 있는) '프로그래밍 언어'의 개념이다. 우리가 알고 있는 고급 (즉, 사람이 이해하기 쉬운) 프로그래밍 언어들은 아직 개발이 안 되었던 시절이다(과학 분야에서 많이 사용한 포트란 언어가 개발된 해가 1957년이고, C 언어는 1970년대 초에 개발됐다. 최초의 객체 지향 프로그래밍 언어는 1960년대 후반에 개발되었으며, 현재 대표적 인공지능 언어로 사용되는 파이선은 비교적 늦은 1990년 초반이다). 다른 하나는 '자연어(natural language)'인데, 이는 프로그래밍 언어가 아닌 한국어나 영어, 일어처럼 사람이 사용하는 언어다. 예를 들어, 애플의 '시리(Siri)'는 자연어로 묻고 자연어로 대답하는 기능이 탑재된 프로그램이다. 존 매카시는 2년 뒤 1958년 리스프(LISP)라는 프로그래밍 언어를 개발했고, 이는 현재까지도 인공지능이나 논리학 분야 등에서 사용되고 있다.

둘째, "기계가 추상화(abstractions)와 개념(concepts)을 형성하게 하는 방법"이다. 인공지능을 처음 공부할 때 들었던 말 중 하나가 "사람에게 어려운 것은 인공지능도 어렵다"라는 것이었다. 이는 경험적으로 맞는 말이었는데, 예를 들어 규칙 기반의 전문가 시스템을 만들기 위해서는 규칙을 '사람 전문가'가 정해야 한다. 데이터 기반의 기계 학습 방법도 결국 사람이 만든 데이터셋을 기반으로 하기 때문에 어떤 의미에서는 데이터셋 이상의 결과를 만들기가 쉽지 않다. '창의적인 컴퓨터'를 만드는 것이 불가능하지는 않지만 어려운 이유는 우리 대부분이 그다지 창의적이지 않기 때문일 수도 있다. '추상화'는 사람에게도 어려운 작업이며, 주어진 텍스트들로부터 공통의 추상적 개념을 정립하는 것은 매우 어려운 일이다(이과생들에게는 특히 그렇다). 예를 들어, 문장에서 단어의 품사(Part of Speech, POS)를 자동으로 분류하는 작업을 '품사 태깅'이라고 하는데, 품사 태깅과 같은 기초적인 작업을 포함해 통계와 기계 학습 등에서 기본이 되는 은닉 마르코프 모형(Hidden Markov Model, HMM)이 처음 소개된 것이 1960년대 말이니까 기계가 '추상화' 작업을 한다는 것은 상당히 앞선 생각이다.

셋째, "현재 인간만이 해결할 수 있는 유형의 문제"를 기계가 풀게 하겠다는 것이다. 2024년 현재를 기준으로 볼 때, '인간만이 풀 수 있는 문제'는 뭐가 있을까? 선뜻 대답하기 어렵다. 챗GPT와 같은 사전 학습된 대규모 언어 모델이 개발되기 전에는 인공지능이 하기 어려운 작업으로 상식에 기반한 추론(reasoning), 맥락(context)에 따른 판단, 감정의 분석 또는 공감(empathy), 창의적 사고와 예술적 표현, 도덕적 (또는 윤리적) 판단 등을 이야기했다. 이런 작업은 현재도 인공지능에게 (그리고 사람에게도) 여전히 어려운 일이다. 예를 들어, "정말 잘~ 했어"라는 말은 사용된 맥락에 따라, 그리고 발화자의 말하는 어투나 습관에 따라 긍정적으로 또는 부정적으로 해석할 수 있다. 자연어 처리 분야에서 이렇게 맥락에 따른 언어의 사용을 다루는 학문을 '화용론(pragmatics)'이라고 하며, 화용론 분야는 자연어 처리에서 기계가 잘할 수 없는 분야로 오랫동안 여겨져 왔다(지금은 언어 모델들이 웬만한 사람만큼 잘한다). 상식, 추론, 감정, 창의성, 예술, 도덕과 윤리. 모두 현재에도 이슈가 되는 문제들이지만, 언어 모델의 등장 이후 해결 가능성이 (어느 정도 또는 충분히) 있어 보인다.

마지막으로, "기계가 스스로를 개선하는 방법"에 대해서다. 1956년에는 꿈같은 이야기 아니었을까? AI 역사에서 중요한 이정표 사건 중 하나가 1997년 (인공지능 용어가 탄생한 지 41년 뒤) IBM의 '딥 블루' 컴퓨터 체스 프로그램이 당시 세계 챔피언이었던 가리 카스파로프와의 대결에서 2승 3무 1패로 이겼던 사건으로, "인공지능이 체스에서 처음으로 인간을 이긴 해"로 기록된다. 그 이후, 사람이 비록 체스에서는 인공지능에게 졌지만, 체스와 비교할 수 없을 만큼 많은 경우의 수를 갖는 동양의 바둑은 인공지능이 절대 이길 수 없을 것이라고 예측했다. 이 예측은 2016년 (인공지능 용어가 탄생한 지 60년 뒤) 구글 딥마인드의 알파고가 이세돌 9단 프로 기사를 4:1로 승리하면서 깨졌고, 그다음 해인 2017년 구글 딥마인드는 사람의 지식이나 기보 데이터가 없어도 다른 프로그램들과 바둑을 두면서 '스스로' 학습하는 '알파고 제로'를 발표한다. 알파고 제로는 백지의 상태에서 시작해서 40일 만에 이전의 모든 알파고 프로그램들의 성능을 뛰어넘었다. 비록 '바둑'으로만 한정되었지만, 인공지능이 사람의 도움 없이 스스로 개선할 수 있는 가능성을 보여준 사건이다.

기계가 생각할 수 있을까?

1956년 10명의 과학자들이 함께 모여 논의했던 다트머스 워크숍이 인공지능의 탄생을 가져온 직접적인 계기가 되었다면, 이 워크숍이 이루어지도록 영감을 준 사람은 영화 〈이미테이션 게임〉(2014)에서 영국 배우 베네딕트 컴버배치가 연기했던 수학자 앨런 튜링이다. 튜링은 이미 1930년대에 현대 컴퓨터의 이론적 모델이 되는 '튜링 머신(Turing machine)'을 고안했으며, 1950년 ≪마인드(Mind)≫라는 저널에 "계산 기계와 지능(Computing Machinery and Intelligence)"이라는 논문을 기고하며 '기계가 지능을 갖고 있는지 여부를 판별하는 테스트'로 잘 알려진 '튜링 테스트(the Turing Test)'의 개념을 소개한다. '기계가 생각할 수 있는가?(Can machines think?)'라는 도발적 질문으로 시작하는 튜링의 논문 첫 문단은 다음과 같다(Turing, 2009).

> "나는 다음과 같은 질문을 고려해 볼 것을 제안합니다–'기계가 생각할 수 있을까요?' 이 질문을 위해서는 먼저 '기계'와 '생각하다'라는 용어의 의미를 정의하는 것부터 시작해야 합니다. 이러한 정의는 한정된 틀을 이용해 단어들의 일상적 쓰임을 가능한 최대로 반영할 수 있도록 구성될 수 있으나, 이러한 태도는 위험합니다. 만약 '기계'와 '생각하다'라는 단어의 의미를 이 단어들이 보편적으로 어떻게 사용되는가 조사를 통해 찾는다면, 이는 '기계가 생각할 수 있는가?'라는 질문에 대한 의미와 답을 갤럽 여론 조사와 같은 통계 조사에서 찾아야 한다는 결론을 피하기 어렵습니다. 하지만 이것은 불합리합니다. 이러한 정의를 시도하는 대신,

나는 이 질문과 밀접하게 관련되면서 상대적으로 명확한 단어들로 표현한 다른 질문으로 대체할 것입니다."

위 문단에서 튜링은 '지능이 있는 기계' 또는 '기계가 지능을 가질 수 있을까?'라고 묻는 대신 '생각하는 기계'의 가능성을 질문한다. 그리고 '생각'과 '기계'의 정의가 무엇인지, 그 정의가 너무 보편적인 '틀' 안에 갇혀서 놓치고 있는 것은 없는지 질문하며 '틀을 깨고 생각할(thinking outside the box)' 필요가 있음을 암묵적으로 말한다. 다음 문단에서 튜링은 '기계가 생각할 수 있는가'의 질문을 대체하는 '이미테이션 게임'을 소개한다.

튜링 테스트와 지능

베네딕트 컴버배치 주연의 2014년도 영화 제목이기도 한 '이미테이션(imitation, 흉내 또는 모방) 게임'은 앨런 튜링의 1950년도 논문 첫 번째 문단에서 언급한 '생각하는 기계' 문제에 대한 우회적 표현으로, 다음과 같은 게임을 예시로 든다.

게임은 남자(A), 여자(B), 그리고 질문자(C; 성별은 상관없음) 세 명으로 구성된다. 질문자는 남자, 여자와 떨어져 다른 방에 머물면서 글을 통해 (필체를 알 수 없도록 타이핑을 하면 더 좋음) A와 B에게 각각 질문을 한다. 5분의 시간 동안 질문과 이의 답변을 보면서 A와 B의 성별을 알아맞히는 것이 게임의 목적이다. 이때, 남자는 질문자가 정답을 맞히지 못하도록 여자인 척 흉내를 내고, 여자는 상대방이 남자고 자신이 여자임을 알려 질문자가 정답을 맞히도록 도와준다. 대화 예시는 다음과 같다(Turing, 2009).

> C: "당신의 머리카락 길이를 알려주겠어요?"
>
> A: "제 머리는 '싱글드(shingled)' 스타일로, 가장 길게 땋은 머리카락은 약 9인치입니다."
>
> B: "내가 여자예요. 저 사람 말 믿지 마세요!"

여기서 만약 내가 게임의 질문자라면 어떤 질문을 하면 될까? 상대방이 진실을 말하는지 아니면 거짓을 말하는지 알 수 없기 때문에 어떤 질문을 해도 확신할 수 없다. 남자들만 알 수 있거나 여자들만 알 수 있는 질문을 하면 되지 않을까? "앨런 튜링의 이미테이션 게임에서 질문자 역할을 한다면, 상대방의 성별을 파악하기 위해서 어떤 질문을 하겠어?"라고 챗GPT 유료버전(4o)에게 프롬프트를 주었을 때, 다음과 같이 세 가지 유형으로 구분해서 예시를 들어 주었다.

1) 개인 경험에 기반한 질문:
"군 복무 중 가장 기억에 남는 경험은?"
"임신 중에 겪었던 가장 큰 어려움은?"

2) 문화적 관심사에 대한 질문:
"어릴 적에 즐겨 보던 만화나 애니메이션은?"
"가장 좋아하는 스포츠 팀과 그 이유는?"

3) 사회적 역할에 대한 질문:
"가족 모임에서 주로 맡는 역할은?"
"직장에서의 주요 업무와 그에 따른 책임은?"

위의 대답과 함께 "개인의 경험과 관심사에 따라 다르게 답변될 수 있으므로" 한계가 있다는 설명과 "성별에 따른 고정관념을 강화할 수 있으므로 주의가 필요"하다는 의견을 친절하게 덧붙인다(이 정도면 웬만한 사람 전문가의 답변보다 낫다는 생각이 든다).

잘 알려진 것처럼, 앨런 튜링은 이미테이션 게임에서 "남자(A)를 '기계'로 치환했을 때 질문자는 여전히 상대방이 사람인지 기계인지 맞히기 어려울까?"라고 물으며, 이 질문이 처음에 제기한 "기계가 생각할 수 있을까?"를 대체한다고 말한다. '이미테이션 게임'은 이후 '튜링 테스트'라고 알려지며, 튜링 테스트를 통과한 기계는 '사람과 같은 (또는 그 이상) 수준의' 인공지능을 갖는 것으로 여겨진다.

튜링 테스트의 핵심은 '기계가 거짓말을 할 수 있는가'가 아니라, 사람과 구별될 수 없을 정도의 언어 능력을 구사한다면 그 기계는 '생각할 수 있는' 즉, '지능'을 갖고 있다고 할 수 있다는 점이다. 시각장애인을 가장해 사람을 고용해서 캡차(CAPTCHA) 테스트를 통과한 전적이 있는(뉴스트리, 2023) 챗GPT와 같은 언어 모델은 지능이 있다고 해야 할까? 튜링 테스트의 문제점은 없는 걸까?

기계가 정말로 생각할 수 있을까?

'튜링 테스트를 통과한다고 정말로 생각할 수 있는 (또는 지능이 있는) 기계라고 할 수 있을까?'라는 의문을 충분히 가질 수 있다. 일부 철학자들은 기계는 생각을 흉내(simulation) 내는 것으로, 실제로 생각하는 게 아니라고 주장한다. 그래프에서 최단 경로를 찾는 알고리즘으로 잘 알려진 전산학자 엣스허르 데이크스트라(Edsger Dijkstra)는 '기계가 생각할 수 있는가'의 문제를 '잠수함이 수영할 수 있는가'의 비유를 들어 이야기한다(개인적으로, 매우 '이과적' 사고라고 생각한다). 이 비유는 그러면 다시 '비행기는 날 수 있는가?'라는 질문으로 연결된다(Russell & Norvig, 2021). 비행기가 하늘을 날기 위해 반드시 새의 날갯짓을 흉내 낼 필요가 없고, 잠수함이 물속을 이동하기 위해 반드시 물고기가 헤엄치는 모습을 따라 할 필요는 없다. 그러면, 기계가 생각(처럼 보이는 행동)을 하기 위해 반드시 사람의 생각하는 과정을 흉내 내지 않아도, 결과적으로 생각하는 것과 같은 결과를 보인다면 괜찮지 않을까?(물론, '이과적' 생각이다).

1980년 미국의 철학자 존 설(John Searle)은 튜링 테스트의 의미에 대해 반박하면서 다음과 같은 '중국어 방(The Chinese room)'을 예시로 든다(Russell & Norvig, 2021).

> "사람 한 명을 생각해 봅시다. 이 사람은 오직 영어만 이해할 수 있습니다. 방 안에는 영어로 작성된 규칙이 적혀 있는 책과 다양한 종이 더미가 있습니다. 전혀 해독할 수 없는 심볼들이 담긴 종이가 방 문 틈으로 들어오면 이 사람은 규칙이 적혀 있는 책의 지시에 따라 쌓여 있는 종이 더미에서 심볼들을 찾아 새 종이에 적습니다. 지시에 따라 종이를 재배

치하는 등의 작업을 합니다. 최종적으로, 심볼들이 적힌 새 종이를 문 밖의 세상으로 전달합니다. 외부에서 볼 때, 이는 중국어로 작성된 문자를 입력으로 받아 유창하고 지적인 중국어 응답을 출력하는 시스템으로 볼 수 있습니다."

중국어 방 사고 실험에서 방 안에 있는 사람은 컴퓨터(또는 인공지능)에 대한 비유다. 컴퓨터는 언어에 대한 이해는 전혀 없고 '심볼'을 처리할 뿐이지만, 우리가 볼 때는 마치 언어를 '매우 잘' 이해하는 것처럼 보인다. 챗GPT도 다르지 않다. 그래도 여전히 챗GPT와 언어 모델들이 '생각할 수 있다'고 말할 수 있을까?

인공지능이 창의적일 수 있을까?

현재 인공지능 분야에서 최고의 관심은 단연 언어 모델이다. 2022년 11월 대중에게 모습을 드러낸 오픈AI의 챗GPT, 메타의 라마와 구글의 제미나이, 그리고 비교적 후발 주자인 앤스로픽의 클로드(Claude), 퍼플렉서티(Perplexity) 등 다양한 종류의 사전 학습된 대규모 언어 모델들과 이를 기반으로 한 생성형 인공지능 서비스들은 계속된 업그레이드를 통해 추가 학습 없이도 인간의 지적 능력에 필적하거나 오히려 이를 넘어설 가능성이 충분히 있음을 보여 주고 있다. 초기 버전의 언어 모델들은 문법적 오류 없이 자연스럽게 자연어를 생성하는 것에 초점이 맞추어졌으나, 점진적으로 모든 분야에서 인간과 유사한 (또는 인간보다 뛰어난) 일반 인공지능(Artificial General Intelligence, AGI)을 향해 발전하고 있다. 물론, 언어 모델이 AGI의 특성을 내재하고 있는가는 논란의 여지가 충분히 있으며, '그렇지 않다'라는 것이 아직까지는 일반적으로 알려진 의견이다(Ma et al. 2023).

비록 AGI의 특성을 갖추고 있지 않다고 해도, 최근 버전의 언어 모델들은 인간의 사고와 유사한 추론 능력을 바탕으로 다양한 분야에서 창의성에 도전하고 있다. '기계가 창의적일 수 있을까?'의 문제는 앨런 튜링이 제기한 '기계가 생각할 수 있을까?'와 같은 맥락에서 생각할 수 있다. 하늘을 날거나 물속을 다니기 위해 새의 날갯짓이나 물고기의 헤엄치는 방법을 따라 할 필요가 없듯이, 인간의 창의력과 같은 방법을 반드시 따를 필요는 없다. 존재론적 또는 인식론적 문제는 별도로 하고, 우선 결과만 보자. 인공지능이 (인간의 기준으로 볼 때) 창의적인 결과를 가져올 수 있는가?

앨런 튜링의 방법과는 다르지만, '창의성'의 사전적 정의부터 살펴보자. 사전에서는 "상상 또는 독창적 생각의 사용–특히, 예술 작품의 생산에서"라고 정의한다. 정의에 따라, 질문을 '언어 모델이 (특히 예술 작품을 생산하면서) 상상 또는 독창적 생각을 할 수 있을까?'로 바꾸어 보자. 물론, 언어 모델이 사람과 같은 방법으로 상상을 하거나 또는 독창적일 필요는 없다. 확률적으로 정해진 바에 따라 상상(과 유사한 행동)을 하거나 독창적으로 보이는 결과를 생산하면 된다. 이렇게 생각하면 적어도 불가능한 것 같지는 않다.

인지과학자 마거릿 보든은 창의성을 세 가지 요소로 정의한다–참신성(novelty), 가치(value), 그리고 놀람(surprise)(Boden, 2004). 이를 기준으로 평가했을 때, 현재까지 개발된 언어 모델들은 부분적으로는 창의성(예: 결합적 창의성 또는 탐색적 창의성)을 갖는다고 말할 수 있지만, 전체적으로는 인간의 창의성에 미치지 못한다는 평가다(Franceschelli & Musolesi, 2023).

시나 소설과 같은 창의적 글쓰기 분야로 한정했을 때, 언어 모델의 창작 능력은 어떨까? 글쓰기의 경우, 보든이 정의한 세 가지 창의적 요소 외에 캐릭터나 플롯과 같은 큰 틀에서의 서사 요소, 플래시백이나 복선, 서술자의 시점과 같은 서사 장치들, 문장력으로 대표되는 글솜씨(예를 들면, 비유나 은유 등), 사람의 마음 깊은 곳을 꿰뚫어 보는 통찰력, 작가의 진심이 담긴 문장 등 많은 요소가 필요하다. 방대한 인터넷 자료를 기반으로 사전 학습된 언어 모델들이 이러한 뛰어난 작가의 능력을 잠재적으로 갖고 있을까? 만약 숨어 있다면 어떻게 깨울 수 있을까? 아쉽게도, 창의적 글쓰기 분야에서 사람 작가의 능력에는 아직 한참 미치지 못한다는 평가다(Chakrabarty et al., 2024). 만약 언어 모델이 쓴 소설과 전문 작가가 쓴 소설을 이용해 '튜링 테스트'를 진행한다면, 통과하지 못한다고 볼 수 있다. 아직까지는 인간과의 '협업'이 필요하다.

인공지능과의 협업

2020년 오픈AI가 GPT-3을 발표한 이후 인공지능의 여러 응용에서 언어 모델이 사용되고 있고, 적어도 글쓰기 분야에서는 인공지능이 단순한 '도구(tool)'에서 사람과 '협업(collaboration)'이 가능한 단계에 있다고 할 수 있다. "협업이라고 하지만 결국 프로그램에 불과한 것 아닌가"라고 생각할 수도 있겠지만(맞는 말이다. 프로그램에 불과하다), '주도권(initiative)'을 누가 갖고 있는가의 문제다.

인공지능과의 협업은 사람이 질문하면 인공지능이 수동적으로 대답하거나 인공지능이 모든 것을 처리하고 사람은 '검수'만 하는 관계가 아니다. 사람과 인공지능 모두 능동적 참여를 통해 상대의 능력과 스타일에 맞춰 최대한 원하는 결과를 끌어낼 수 있는 관계이며, 공학에서는 이러한 형태를 종종 '혼합 주도형(mixed-initiative)' 시스템이라고 부른다. 혼합 주도형의 글쓰기 협업 도구는 '창작'과 관련한 기술적 문제 외에도 표절, 저작권과 소유권, 윤리적 또는 도덕적 문제, 그리고 인공지능에의 과의존 등등 여러 문제가 존재한다. 이에 대한 자세한 언급은 이 책의 마지막 장에서 다룬다.

참고문헌

경향신문(2024.11.5). 인공지능 석학 벤지오 교수, 삼성 포럼서 "AI 안전성 중요…대중들도 정확히 이해해야".
https://www.khan.co.kr/world/world-general/article/202411051017001

나무위키(n.d.). 어니스트 헤밍웨이.
https://namu.wiki/w/어니스트 헤밍웨이

뉴스트리(2023.3.16). 시각장애인 가장해 사람 속인'챗GPT' ...보안검사까지 빠져나갔다
https://www.newstree.kr/newsView/ntr202303160011

Boden, M. A.(2004). *The creative mind: Myths and mechanisms.* Routledge. 고빛샘 외 옮김(2010). 『창조의 순간: 새로움은

어떻게 탄생하는가』. 21세기 북스.

Chakrabarty, T., et al.(2024). Art or artifice? large language models and the false promise of creativity. *Proceedings of the CHI conference on human factors in computing systems.* pp.1-34.

Franceschelli, G. & Musolesi, M.(2023). On the creativity of large language models. *arXiv preprint arXiv:2304.00008.*

Ma, Y., et al.(2023). Brain in a vat: On missing pieces towards artificial general intelligence in large language models. *arXiv preprint arXiv:2307.03762.*

McCorduck, P., et al.(1977). History of artificial intelligence. *International Joint Conference on Artificial Intelligence (IJCAI).* pp. 951-954.

Russell, S.(2019). *Human compatible: AI and the problem of control.* Penguin UK. 이한음 옮김(2021). 『어떻게 인간과 공존하는 인공지능을 만들 것인가』. 김영사.

Russell, S. J. & Norvig, P.(2021). *Artificial intelligence: a modern approach.* 4th ed. Pearson. 류광 옮김(2021). 『인공지능－현대적 접근 방식, 제 4판』. 제이펍.

Turing, A. M.(2009). *Computing machinery and intelligence* (pp. 23-65). Springer Netherlands.

Wikipedia(n.d). Dartmouth Workshop. https://en.wikipedia.org/wiki/Dartmouth_workshop

Wikipedia(n.d). For sale: baby shoes, never worn. https://en.wikipedia.org/wiki/For_sale:_baby_shoes,_never_worn

01
서사와 인공지능

인공지능을 이용한 자동 서사 생성에 대한 연구는 약 반세기 동안 진행돼 왔으며, 챗GPT(ChatGPT)로 대표되는 대규모 언어 모델의 등장과 함께 새로운 국면을 맞고 있다. 서사의 정의부터 인공지능의 분류, 그리고 인공지능을 이용한 스토리 생성 시스템의 역사를 간단하게 살펴본다.

AI와 1인 창업?

서사란 무엇인가?

서사는 영어의 내러티브(narrative)를 우리말로 옮긴 것이다. 일상생활에서 우리는 '서사'와 '내러티브'를 혼용해서 사용하는 경향이 있다. 예를 들어, 특수 효과가 매우 뛰어난 공상과학(sci-fi) 또는 판타지 장르 영화의 영화 전문가 또는 사용자 리뷰를 보면, "시각적 효과는 우수하지만 내러티브 (또는 서사)가 약하다"와 같은 평을 종종 볼 수 있다. '내러티브 (또는 서사)가 약하다'라는 것이 무슨 뜻이지? 정확하게 꼭 집어서 무슨 의미인지 설명하기는 어렵지만, 우리는 대부분 그 의미를 이해할 수 있다.

집단 지성(collective intelligence) 기반의 인터넷 사전으로 자주 참고하는 나무위키와 위키백과(Wikipedia)를 이용해 서사 또는 내러티브를 검색해 보자. 먼저, 나무위키에서 '서사'를 검색하면 자동으로 '내러티브' 검색으로 넘어간다. 즉, 나무위키는 서사와 내러티브를 동의어로 간주하며, 다음과 같이 정의한다.

> 내러티브: "스토리와 스토리 외의 소품, 음악, 대사, 구성, 형식 등의 총체."

위키백과의 경우, 한글로 서사 또는 내러티브를 검색하면 모두 '이야기'로 검색이 넘어간다. 즉, 나무위키와는 다르게 위키백과에서는 내러티브의 동의어를 '이야기'로 보며, 다음과 같이 설명한다.

> 이야기: "어떤 사물이나 사실, 현상에 대하여 일정한 줄거리를 가지고 하는 말이나 글"

스토리와 내러티브, 이야기와 서사. 서로 다른 정의. 혼란스럽다. 어느 것이 맞을까? 어떤 용도와 문맥에서 사용하느냐에 따라 둘 다 맞다고 해도 틀리지 않다. '스토리'의 일반적인 번역이 '이야기'이며, 서사학자들도 종종 내러티브와 스토리, 그리고 이야기를 혼용해서 사용한다. 하지만, 좀 더 전문적이고 신뢰성이 있는 참고 문헌에 따라 '서사'의 정의를 알고 싶다면 (특히, 여러분이 만약 논문을 써야 하는 대학원생이라면), 서사학자들이 쓴 책을 참고하는 것이 좋다. 서사학자들에 따라서도 정의가 다르지만, 이 책에서는 '내러티브'와 '서사'를 같은 것으로 정의하고 이야기한다. '이야기'는 '스토리'의 의미보다 좀 더 범용적으로 사용하는 경우가 많아서 맥락에 따라 혼용한다. 우선, 잘 알려진 서사학자들의 '서사'

에 대한 정의를 몇 가지 살펴보자.

포터 애벗(H. Porter Abbott): "단순한 정의로 서사란 사건의 재현 혹은 사건의 연속을 의미한다."(Abbott, 2008)

시모어 채트먼(Seymour Chatman): 서사를 '내용(content)'과 '표현(representation)'으로 이원화하여 구분하며, 전자를 '이야기(story)', 그리고 후자를 '담화(discourse)'라고 한다. 또한, 이야기는 인물(character)과 배경(setting), 그리고 사건(event)으로 구성되며, 사건은 다시 등장인물들의 '행위(actions)'와 우연히 발생하는 '우발적 사건 또는 일어난 일(happening)'로 구분한다(Chatman, 1980).

제라르 즈네트(Gérard Genette): "서사란 하나의 사건 또는 일련의 사건들을 이야기하려는 구술 또는 글로 쓴 담화다."(Genette, 1980)

미케 발(Mieke Bal): "서사 텍스트는 에이전트(agent) 또는 주체(subject)가 독자, 관객, 청자와 같은 수신자에게 이야기(story)를 언어, 이미지, 소리, 건축물, 또는 이들의 조합과 같은 매체를 통해 전달하는 텍스트다. 여기서 이야기는 그 텍스트의 내용이며, 파불라(fabula)에 특정한 표현, 굴절, 그리고 '색채'를 더해 주는 역할을 한다. 파불라는 배우들에 의해 발생되거나 경험된, 논리적이고 시간 순서로 나열된 연속된 사건들이다."(Bal, 2017).

서사의 정의는 쉽지 않다(Ryan, 2007). 서사학자들도 서사의 정의를 내릴 때 '집합적인(collective)', '느슨한(loose)', 또는 '작업적(working)' 등의 수사어를 사용한다. 따라서 공학 연구자 입장에서 선부르게 서사의 정의를 내리기는 어렵고, 필요할 경우 서사학자들의 정의나 설명을 빌려서 사용한다. 본 책에서는 채트먼과 즈네트의 서사 정의(즉, 서사 = 스토리 + 담화)를 기반으로 한다(주의: 여기서 '담화'는 '하나의 주제에 대한 논의'의 뜻으로 일반적으로 사용하는 '담화'와는 의미 차이가 있다). 특히, 채트먼의 정의는 텍스트 매체 외에 영화와 같은 멀티미디어 기반의 서사에도 적용 가능하다(박진, 2014).

약인공지능과 강인공지능

최근, 특히 2022년 11월 오픈AI(OpenAI)에서 출시한 챗GPT의 등장과 함께 '인공지능(Artficial Intelligence, AI)'

은 학문이나 산업 분야와 무관하게 사회적으로 큰 화제가 되고 있다. 교육 분야에서도 예외가 아니어서, 초등학교부터 중·고등학교까지 AI 기반 디지털 교과서를 도입해 학습 능력을 높이겠다는 보도가 있고(시사IN, 2024), 인공지능 관련 고급 인력을 키우기 위해 전국적으로 인공지능 대학원을 설립하고 인재를 양성하는 중이다(나무위키 참조). 또한, 비공학 전공자들을 포함한 많은 수의 지원자들이 인공지능을 배우고 싶어 한다. 그렇다면, 인공지능이란 무엇일까? 단순한 소프트웨어 프로그램일 뿐일까 아니면 영화 〈터미네이터〉 시리즈에 등장하는 '스카이넷'처럼 의식을 갖고 인류를 통제할 수 있는 가능성이 있을까?

인공지능 개념 중에서 '약인공지능(weak AI)'과 '강인공지능(strong AI)'이라는 용어가 있다(Flowers, 2019). 약인공지능은 '문제 해결을 위한 도구'로서의 인공지능 프로그램이다. 2017년 구글 딥마인드에서 개발한 바둑대회에서 이세돌 9단을 4대 1로 승리해 인간보다 바둑을 더 잘 두는 인공지능 프로그램으로 알려진 알파고를 생각해 보자. 알파고는 '바둑을 잘 두는' 프로그램일 뿐이다. 애플의 개인 비서 응용 프로그램인 시리(Siri)도 일종의 '챗봇(Chatbot)' 프로그램일 뿐이다. 알파고나 시리처럼 특정 분야에서 인공지능 알고리즘을 이용해 주어진 목표를 달성하거나 문제 해결을 위한 최적의 답을 찾는 AI 프로그램들은 모두 약인공지능에 속한다.

약인공지능에 속하는 프로그램들과 다르게 강인공지능은 인간처럼 마음(mind) 또는 의식(consciousness)을 갖고 있는 AI 프로그램이다. 현재로서 강인공지능은 개발이 안 되었고, 영화 속에서만 존재한다. 예를 들어, 스탠리 큐브릭 감독의 영화 〈2001: 스페이스 오디세이〉(1968)에 등장하는 인공지능 프로그램 'Hal 9000'은 자신의 목적 달성을 위해 우주선 승무원들의 생사를 결정하고, 자신의 소멸을 두려워하는 모습을 보인다. 비교적 최근 영화 〈그녀(her)〉(2013)와 〈엑스 마키나〉(2015)에 등장하는 인공지능 '사만다'와 '에이바' 역시 강인공지능의 개념에 속한다. 다시 말하지만, 현실에서는 존재하지 않는다.

'Hal 9000'이나 '사만다', '에이바'와 같은 인공지능이 현실에서 가능할까? 만약 가능하다면 곧 가능할까 아니면 먼 미래의 이야기일까? 챗GPT와 같은 대규모 언어 모델이 등장하기 전에는 인공지능 학자들 대부분이 불가능 또는 적어도 100년 후의 이야기라고 말하곤 했다. 여러 가지 이유 중 하나는 인공지능에게 인간과 같은 상식(common sense)을 가르치고, 이 상식에 따라 추론하고 행동하게 하는 것이 불가능에 가깝다고 판단했기 때문이다.

하지만 구글에서 '트랜스포머(Transformer)'라는 인공지능 학습 모델을 학계에 발표하면서 상황은 달라진다(Vaswani et al., 2017). 트랜스포머 학습 모델은 자연어 처리와 컴퓨터 비전 등의 연구 분야에서 놀라운 결과를 가져왔으며, 이를 기반으로 2020년 오픈AI의 GPT(Generative Pre-trained Transformer, 생성형 사전 학습된 트랜스포머)-3라는 대규모 언어 모델(Large Language Model, LLM)이 등장한다. 여기서, '사전 학습된'이라는 의미가 중요하다. 일반적으로 기계 학습 기반 인공지능 프로그램의 경우, 특정 도메인에서 관련 데이터를 수집한 후 이 데이터를 기반으로 '학습' 알고리즘을 이용해 모델을 만들었다. 이 학습 모델은 해당 세부 분야에서만 우수한 성능을 보인다. 자연어 처리 분야에서 예를 들면, 기계 번역(machine translation) 응용에서 개발된 프로그램은 번역은 '잘'하지만, 정보 검색이나 질의응답, 채팅과 같은 다른 응용에서는 잘할 수 없었다. 이와는 달리, 챗GPT와 같은 '사전 학습된' 생성형 언어 모델들은 비록 특정 응용에서 한계가 있지만, 추론이나 대화 생성을 포함한 여러 응용에서 뛰어난 성능을 보인다(Qin et al., 2023). 현재의 언어 모델들은 구글 번역기나 네이버 파파고처럼 언어 번역도 잘하고, 필요한 정보를 인터넷을 통해 잘 찾고, 논문을 읽고 내용을 요약해 줄 수 있다. 내가 쓴 영어나 한글 문서를 교정해 주는 것도 가능하며, 사용자와 '역할 놀이'를 하며 채팅하는 것도 가능하다. 아직은 '강인공지능'이 아닌 '약인공지능'에 속하지만, 적어도 '언어' 분야에서는 다양한 분야의 작업에서 좋은 성능을 보여 줄 수 있는 '범용 인공지능(Artificial General Intelligence, AGI)'에 조금씩 다가가고 있다고 할 수 있다. 그렇다면, 창의성 분야는 어떨까? 특히, '언어'가 표현 매체인 서사 분야에서 인간 작가를 넘어서는 작품을 창작(또는 생성)하는 것이 가능할까?

인공지능 기반 스토리텔링 시스템

논의의 여지가 있지만, 인공지능의 주 목표는 인간과 같은 (또는 인간보다 나은) 지적 능력을 갖는 프로그램을 만드는 것이라고 할 수 있다. 0과 1로 이루어진 세계에서 논리적 명령어만으로 구성된 컴퓨터가 창의성을 발휘해 사람의 마음을 움직일 수 있는 흥미롭고 감동적인 이야기를 만들 수 있을까?

인공지능을 이용한 최초의 스토리텔링 시스템은 제임스 미한의 '테일-스핀(Tale-Spin)'으로 알려져 있다(Meehan, 1977). 당시 예일 대학교 박사 과정 학생이었던 미한이 개발한 테일-스핀은 캐릭터의 추론과 행위를 컴퓨터를 이용해 자동으로 생성했으며, 심볼 기반의 플래닝(planning) 인공지능 기법과 유사하다. 플래닝은 현재 상태에서 목표 상태에 도달할 수 있게 하는 순차적 행동들(즉, 플랜)을 자동으로 찾는 인공지능 기술로서, 일반적으로 길 찾기(pathfinding)나 물류(logistics), 우주 탐사(space exploration), 자율 자동차(autonomous vehicles) 등의 응용에서 사용된다(Russell & Norvig, 2021). 플래닝 기술을 서사 생성에 적용하면, 주인공의 목표 달성을 위한 일련의 행동들을 자동으로 찾을 수 있으며 이는 하나의 '플롯'으로 볼 수 있다. 또한, 설정을 통해 주인공의 목표 달성을 방해하도록 플롯을 생성하여 이야기의 흥미를 높일 수도 있다(Song et al., 2024).

테일-스핀 이후 유니버스(Lebowitz, 1984), 민스트럴(Turner, 2014), 멕시카(Pérez & Sharples, 2001)와 같은 다양한 스토리텔링 시스템들이 등장한다, 특히, 인터랙티브 드라마 형식의 파사드(Façade)는 게임에서 서사 이론과 인공지능 기술을 적절하게 접목하여 '인터랙티브 스토리텔링(interactive storytelling)'의 상업적 가능성을 알리는데 크게 공헌하였다(Mateas & Stern, 2003).

지금은 대규모 언어 모델 기반의 스토리 생성 연구가 많이 이루어지고 있지만, 플래닝은 자동 서사 생성 시스템에서 빠질 수 없는 AI 기술이다. 플랜 탐색에 필요한 액션 라이브러리를 도메인 엔지니어가 수작업으로 구현해야 하므로 인지 부담이 크다는 단점이 있지만, 자연어 처리 기술과 관련 게임 인공지능 분야가 빠르게 발전하면서 이야기 생성 연구는 새롭게 각광받고 있다. 향후 플래닝을 비롯한 다양한 AI 기술과 서사 이론을 접목한 스토리텔링 시스템의 등장을 기대한다.

참고문헌

나무위키(n.d). 내러티브. https://namu.wiki/w/내러티브

나무위키(n.d). 인공지능대학원. https://namu.wiki/w/인공지능대학원협의회

박진(2014). 『서사학과 텍스트 이론: 토도로프에서 데리다까지』. 소명출판.

시사IN(2024.4.4.). 수천억 원 드는 AI 디지털 교과서, '혁명'인가. https://www.sisain.co.kr/news/articleView.html?idxno=52613

위키백과(n.d.). 이야기. https://ko.wikipedia.org/wiki/이야기

Abbott, H. P.(2008). *The cambridge introduction to narrative.* 2nd ed. Cambridge University Press. 우찬제 외 옮김(2010).

『서사학 강의』. 문학과지성사.
Bal, M.(2017). *Narratology: Introduction to the theory of narrative*, 4th ed. University of Toronto Press.
Chatman, S.(1980). *Story and discourse*. Cornell University Press. 홍재범 옮김(2019). 『이야기와 담화』. 호모루덴스.
Flowers, J. C.(2019). Strong and weak AI: Deweyan considerations. *AAAI spring symposium: Towards conscious AI systems*, 2287(7).
Genette, G.(1980). *Narrative discourse: An essay in method*. Cornell University Press.
Lebowitz, M.(1984). Creating characters in a story-telling universe. *Poetics*, 13(3), pp.171-194.
Mateas, M. & Stern, A.(2003). Façade: An experiment in building a fully-realized interactive drama. *Game developers conference*, 2. pp.4-8.
Meehan, J. R.(1977). TALE-SPIN, An interactive program that writes stories. *Proceedings of the international joint conference on artificial intelligence(IJCAI '77)*, pp.91-98.
Pérez, R. P. Ý. & Sharples, M.(2001). MEXICA: A computer model of a cognitive account of creative writing. *Journal of experimental & theoretical artificial intelligence*, 13(2), pp.119-139.
Qin, C., et al.(2023). Is ChatGPT a general-purpose natural language processing task solver?. *Proceedings of the 2023 conference on empirical methods in natural language processing(EMNLP)*, pp.1339-1384.
Russell, S. J. & Norvig, P.(2021). Artificial intelligence: a modern approach. 4th ed. Pearson. 류광 옮김(2021). 『인공지능 - 현대적 접근 방식, 제 4판』. 제이펍.

Ryan, M. L.(2007). The Cambridge companion to narrative, *Toward a definition of narrative* (pp.22–38). Cambridge University Press.

Song, Y., et al.(2024). A Conflict–embedded narrative generation using commonsense reasoning. *Proceedings of the international joint conference on artificial intelligence(IJCAI '24).* pp.7744–7752.

Turner, S. R.(2014). *The creative process: A computer model of storytelling and creativity.* Psychology Press.

Vaswani, A., et al.(2017). Attention is all you need. *Proceedings of Advances in neural information processing systems.*

02
플롯

아리스토텔레스는 시학에서 가장 중요한 서사 요소로서 플롯을 이야기한다. 플롯의 정의와 스토리와의 차이점, 그리고 마스터 플롯에 따른 플롯 유형 분류와 극적 플롯 구조에 대해 살펴보고, 인공지능 관점에서 관련 연구를 설명한다.

AI와 MBTI?

플롯의 정의

아리스토텔레스는 그의 저서 『시학(Poetics)』에서 비극(tragedy)의 6가지 요소 중 가장 중요한 것이 바로 플롯(plot; mythos)이라고 말한다(Aristotle, 1968). 아리스토텔레스에게 있어서 '비극'이란 나보다 훌륭한 사람의 행동과 삶을 배우(actor)를 통해 모방(imitation)하는 것으로서, 플롯은 이러한 일련의 행동 또는 사건을 통해 구성된다.

일련의 행동 또는 사건을 통해 구성되는 플롯의 가장 중요한 속성 중 하나는 '인과성(causality)'으로, 플롯의 사건들은 인과적으로 연결되어야 한다. 영화 〈전망 좋은 방〉(1985), 〈하워즈 엔드〉(1992), 〈인도로 가는 길〉(1984) 등의 원작자로 국내에도 잘 알려진 영국의 소설가 E.M. 포스터는 플롯을 '인과 관계를 강조하는 서술'이라고 정의하면서 다음과 같은 예시를 통해 설명한다(Forster, 1927).

"왕이 죽고 나서 왕비가 죽었다(The king died and then the queen died.)"

"왕이 죽고 나서 왕비가 슬픔으로 인해 죽었다(The king

died, and then the queen died of grief.)"

E.M. 포스터는 이야기의 가장 큰 미덕은 '독자를 궁금하게 만드는 것(즉, 호기심)'이며, 위의 예시에서 첫 번째는 스토리, 두 번째는 플롯에 해당한다고 말한다. 또한, 플롯은 인과성을 중심으로 다음과 같이 보다 구체적으로 서술될 수 있다.

"왕비가 죽었다. 사인을 아는 사람이 하나도 없더니 왕의 죽음으로 인한 슬픔 때문이라는 것이 밝혀졌다."

시간적으로는 '왕의 죽음'이 '왕비의 죽음'보다 선행하는 사건이지만, 독자의 호기심을 위해 '왕비의 죽음'을 독자에게 먼저 보여 주고, '왕의 죽음'이라는 원인 사건을 나중에 기술할 수 있다. 이때, 독자가 전체적인 플롯을 이해하기 위해서는 단순한 호기심 외에 '기억력'과 '지력'이 필요하다고 말한다. 따라서 독자가 머릿속에서 계속 사건의 (인과적) 재구성을 하면서 최종적인 이야기를 완성할 수 있도록 사건을 촘촘하게 구성하는 것이 플롯의 미덕이다.

마스터 플롯을 이용한 플롯 분류

플롯을 '인과성에 중점을 둔 일련의 사건들의 기술'이라고 정의할 때, 수많은 플롯들을 구분하고 분류할 수 있는 기준이 있을까?

플롯 분류 기준의 하나로서 기존 플롯들의 구조적 공통점을 찾아 원형의 형태로 분류한 '마스터 플롯'의 개념을 이용하여 접근할 수 있다. 다양한 형태의 마스터 플롯이 존재할 수 있지만, 그중에서 로널드 토비아스는 저서 『인간의 마음을 사로잡는 스무 가지 플롯(20 Master Plots)』에서 크게 '신체적(physical)' 플롯과 캐릭터 중심의 '마음(mind)'의 플롯으로 구분한다(Tobias, 2003). 간단하게 이야기하면, 신체적 플롯은 주인공의 행동(즉, 액션)이 중심이 되고, 마음의 플롯은 주인공의 내적 심리가 중심이 된다. 물론, 이 두 가지 형태가 명확하게 분류된다기보다는 적절하게 혼용될 수도 있다. 토비아스는 이 두 가지 형태의 플롯을 기준으로, 다음과 같은 20가지 범주의 플롯으로 세분하여 설명한다.

1) 추구(quest): 주인공이 유형 또는 무형의 대상(예: 성배, 불멸 등)을 좇음. 마음의 플롯.

2) 모험(adventure): 추구의 플롯과 유사하지만, 주인공의

여정 자체에 중점을 둠. 신체적 플롯.

3) 추적(pursuit): 숨바꼭질 놀이의 문학 버전으로 '쫓는 자'와 '쫓기는 자'로 구성. 신체적 플롯.

4) 구출(rescue): '영웅'이 '악당'으로부터 '희생자'를 구출하는 세 명의 대립 구조. 신체적 플롯.

5) 탈출(escape): 자신의 의지와 무관하게 갇혀 있는 곳에서 벗어나려고 함. 신체적 플롯.

6) 복수(revenge): 구약 성서의 "눈에는 눈, 이에는 이"에 해당. 신체적 플롯.

7) 수수께끼(riddle): 반전의 놀라움과 영리함이 핵심인 신체적 플롯.

8) 경쟁(rivalry): '동등한 능력'의 두 경쟁자가 동일한 목표나 대상을 놓고 경쟁함. 마음의 플롯.

9) 약자(underdog): '경쟁'의 플롯 형식을 갖지만, 힘의 균형이 맞지 않음. 마음의 플롯.

10) 유혹(temptation): '금지된 것'에 대한 욕망으로 잘못된 선택과 책임을 지는 마음의 플롯.

11) 변신(metamorphosis): 저주 등의 이유로 주인공의 신체가 변함(예: 늑대 인간 또는 뱀파이어). 마음의 플롯.

12) 변모(transformation): 변신의 플롯과 유사하나, 주인공의 변모한 모습에 중점을 둠(예: 투명 인간, 지킬 박사와 하

이드 씨). 마음의 플롯.

13) 성숙(maturation): (젊은 또는 어린) 주인공이 더 나은 자신으로 '성장'함. 마음의 플롯.

14) 사랑(love): 사랑하는 두 연인이 오해나 신체적 요소, 죽음 등의 장애물과 고난을 극복하려고 노력함. 마음의 플롯.

15) 금지된 사랑(forbidden love): 가족 간의 반대, 간음, 근친상간, 동성애 등의 사회적 관습에 대항함. 종종 비극으로 끝나는 마음의 플롯.

16) 희생(sacrifice): 〈하이 눈〉(1952), 〈카사블랑카〉(1942)의 주인공과 같이 자신의 이상이나 사랑 등을 위해 스스로를 희생함. 마음의 플롯.

17) 발견(discovery): 삶의 의미를 깨닫는 데 초점을 둠. 마음의 플롯.

18) 지독한 행위(wretched excess): 극단적 상황(예: 해고, 알코올 중독, 탐욕, 전쟁 등)으로 절망에 처한 주인공의 심리적 쇠퇴 (또는 회복)에 초점을 맞춤. 마음의 플롯.

19), 20) 상승(ascention)과 하강(descention): 도덕적 딜레마에 빠진 주인공의 점진적 상승 또는 하강의 변화를 다루는 마음의 플롯.

위의 20가지 플롯이 서로 배타적 관계에 있는 것은 아니며, 유연하게 적용할 필요가 있다. 예를 들어, 서로 유사성을 갖는 '추구'와 '모험' 플롯을 살펴보자. '추구'의 플롯에서는 주인공이 자신이 원하는 무언가를 찾아 여정을 떠난다. 돈이나 황금, 성배, 지혜, 연인 등. 하지만, 결국 여정을 통해 진짜 중요한 것(예: 가족 간의 사랑)을 찾게 되고, 이를 통해 주인공은 성장(또는 후회)하게 되며, 이런 이유로 '마음'의 플롯이라고 할 수 있다. 반면, '모험'의 플롯이라면 주인공의 심리 상태가 변할 수도 있지만, 여정에서 만나는 '모험'에 더 중점을 둔다. 영화 〈오즈의 마법사〉(1939)의 플롯을 생각해 보자. 주인공 도로시와 세 명의 조력자(허수아비, 양철 나무꾼, 사자)는 각자 자신의 '추구'하는 바를 얻기 위해 '모험'의 여정을 떠나는데, 이때 캐릭터의 변화와 깨달음에 중점을 둔다면 마음의 플롯으로서 '추구'의 플롯에 가깝다고 할 수 있고, 캐릭터가 겪는 모험과 액션에 중점을 둔다면 신체적 플롯으로서 '모험'의 플롯에 가깝다고 할 수 있다.

마스터 플롯을 이용한 플롯 유형 분류는 '일관성'과 독자의 이해 및 기대 측면에서 유용하다. 아리스토텔레스는 서사 사건들이 전체 플롯에 일관적으로 기여하면서 하나로서의 통일성을 가질 때 좋은 구조의 플롯이라고 한다. 하나의 마스터 플롯은 하나의 주제를 갖기 때문에 사건의 일관성 유지에 도움이 된다. 또한, 마스터 플롯으로 대표되는 플롯 분류에서 몇 가지 유형의 플롯을 복합적으로 사용할 수 있지만(예: 모험 + 사랑), 기본적으로 정해진 플롯 유형에 따른 통일된 사건들로 구성된다. 따라서, 독자 입장에서는 플롯 전개와 함께 앞으로 일어날 사건의 익숙한 전개를 예상하면서 동시에 이에 대한 기대감을 가질 수 있다.

극적 플롯 구조

아리스토텔레스는 시학에서 좋은 플롯은 개연성을 바탕으로 연속성과 통일성을 가지며, 특히 복잡한 행동의 경우 주인공의 '운명의 반전'으로 인한 '급전'과 '발견(anagnorisis－discovery 또는 recognition을 뜻하는 그리스어)'을 갖는다고 말한다(Aristotle, 1968). 여기서 '발견'이란 주인공이 사태의 반전과 함께 몰랐던 새로운 사실을 깨닫는 것을 의미하며, 전체 이야기에서 중앙에 위치하는 전환점(turning point) 역할을 한다. 독일의 소설가이며 극작가인 구스타프 프라이타크(Gustav Freytag)는 이러한 극적 구조를 발단(exposition: 배경 및 등장인물의 소개)-상승(rising actions: 주인공을 포함한 등장인물의 행동이 갈등을 유발하며 상승함)-절정(climax:

긴장감의 최고조. 운명의 반전과 발견)-하강(falling actions: 주인공의 행동이 비극적 파국을 향함)-결말(denouement: 갈등의 완전한 해결)의 5단계로 세분화하여 설명한다(Freytag, 1895). '프라이타크의 피라미드(Freytag's pyramid)'로 알려진 이 플롯 구조는 절정(즉, 전환점)이 중앙에 위치하며, 현대의 많은 서사(특히, 할리우드 영화)에서 절정 부분이 전체의 2/3 이후 지점에 있는 것과는 차이가 있다.

모든 소설이나 이야기가 '발견' 또는 '절정'을 갖거나 프라이타크의 5단계를 명확하게 갖도록 구성될 필요는 없다. 하지만 대다수 사람들이 좋아하는 플롯 구조로서 위와 같은 특성을 알고, 해당되는 플롯 유형에 따라 플롯을 구성하면 인공지능을 이용한 서사 생성이나 이해에 조금 더 쉽게 다가갈 수 있다.

인공지능을 이용한 플롯 생성

플롯의 중요한 속성 중 하나를 인과성이라고 할 때—즉, 사건들이 원인과 결과로 서로 이어지면서 이야기의 모든 사건들이 전체적으로 하나의 통일성을 갖는다고 할 때—, 논리 기반의 컴퓨터 또는 인공지능을 이용한 플롯 생성은 매우 자연스러운 방법이다.

컴퓨터를 이용한 최초의 스토리 생성 시스템으로 알려진 테일-스핀(Meehan, 1977)은 전산학 관점에서 보면, 이야기를 만드는 작가라기보다는 '주어진 문제에 대한 해답'을 자동으로 찾는 프로그램이다. 즉, 문제로서 주인공의 목표(goal)가 하나의 '심볼'로서 주어지고, 스토리텔링 시스템은 목표 달성을 위한 '일련의 사건들'을 하나의 플롯으로 생성한다(여기서 '사건'도 하나의 '심볼'이다). 생성된 일련의 사건들(즉, 플롯)을 자연어 처리 기술을 이용해 문장으로 바꾸면 하나의 '이야기' 또는 텍스트 서사가 생성된다. 이러한 방식의 이야기 또는 플롯 생성은 심볼 기반 인공지능(예: 플래닝)을 이용한 스토리 생성 연구 초기에 많은 연구가 이루어졌으며(Riedl & Young, 2006), 딥 러닝과 자연어 처리가 주류인 현재에도 꾸준히 이루어지고 있다(Yao et al. 2019; Xie & Riedl, 2024).

심볼 기반의 목표-지향(Goal-oriented) 기법을 이용한 플롯 생성 방법 외에 신경망을 기반으로 하는 기계 학습 방법을 이용할 수 있다(Pradyumna et al. 2019). 예를 들어, 20가지 마스터 플롯 분류를 이용해 소설이나 영화 시나리오 데이터셋을 플롯별로 수집했다고 가정하자. 지도 학습(supervised learning) 등의 알고리즘을 이용해 분류된 특정 플롯의 특징을 학습하는 모델을 구축한 후, 입력 서사가 어떤 마스터 플롯을 갖고 있는지 '분류'할 수 있으며 해당 마스터 플롯의 구조적 특징을 갖는 서사 생성에도 응용할 수 있다(물론, 상당한 양의 데이터셋 구축이 필요하다).

오픈AI(OpenAI)의 GPT-4를 포함해 최근 대규모 언어 모델들은 다른 방법들과 비교했을 때, 이야기 생성에서 좋은 성능을 보여 주지만, 아직까지는 사람 작가의 수준에는 미치지 못하고 있다(Xie et al. 2023). 마스터 플롯에 따른 플롯 유형의 특징들을 '학습'하고, 다른 서사 이론들을 차례로 학습한다면, 언어 모델이 결국 가까운 미래에 사람 작가 수준에 오를 수 있을까? 아직은 단정지어 대답하기 어렵다.

참고문헌

Aristotle(1968). *Poetics.* Oxford. 천병희 옮김(2002). 『시학』(제2판). 문예출판사.

Forster, E.M.(1927). *Aspects of the novel.* Harcourt, Brace. 이성호 옮김(1990). 『소설의 이해』. 문예출판사.

Freytag, G.(1895). *Technique of the drama: An exposition of dramatic composition and art.* S. Griggs.

Meehan, J. R.(1977). TALE-SPIN, An interactive program that writes stories. *Proceedings of the international joint conference on artificial intelligence(IJCAI '77)*, pp.91-98.

Pradyumna, T., et al.(2019). Controllable neural story plot generation via reward shaping. *Proceedings of the international joint conference on artificial intelligence(IJCAI)*, pp.5982-5988.

Riedl, M. O. & Young, R. M.(2006). From linear story generation to branching story graphs. *IEEE computer graphics and applications*, 26(3), pp.23-31.

Tobias, R.(2003). 20 Master plots: And how to build them. Writer's Digest Books. 김석만 옮김(2007). 『인간의 마음을 사로잡는 스무 가지 플롯』. 풀빛.

Xie, K. & Riedl, M.(2024). Creating suspenseful stories: Iterative planning with large language models. *Proceedings of the 18th conference of the european chapter of the association for computational linguistics*, pp.2391-2407.

Xie, Z., et al.(2023). The next chapter: A study of large language models in storytelling. *Proceedings of the 16th international natural language generation conference(INLG)*, pp.323-351.

Yao, L., et al.(2019). Plan-and-write: Towards better automatic storytelling. *Proceedings of the AAAI conference on artificial intelligence*, 33(1), pp.7378-7385.

03
캐릭터

이야기 속 등장인물이 실제 인물처럼 생생하게 느껴지기 위해서는 캐릭터화 과정이 필요하다. 아리스토텔레스가 이야기한 캐릭터 목표와 캐릭터 원형에 따른 유형 분류를 살펴보고, 인공지능을 이용한 캐릭터 생성 방법에 대해 논의한다.

AI와 난임 극복?

당신 정말 캐릭터군요!

영어 단어 '캐릭터(character)'는 크게 두 가지 뜻을 갖는다. 첫째는 개인의 고유한 성격 또는 특성으로 우리말의 '개성'에 해당한다. 둘째는 소설, 연극, 또는 영화 속 인물로서 우리말의 '등장인물'에 해당한다. 흔히 "그 사람 정말 캐릭터야" 또는 "캐릭터가 강해"라고 이야기할 때, 첫 번째 의미로서 많이 사용한다. 영화나 소설 속 캐릭터는 '등장인물'이면서 동시에 그 인물만의 뚜렷한 개성과 특성을 갖는다.

미국의 인기 시트콤 애니메이션인 〈심슨 가족(The Simpsons)〉을 생각해 보자. 다양한 등장인물 중에서 누가 가장 먼저 떠오르는가? 수많은 에피소드 속에서 등장인물들이 각각 독특한 개성을 갖고 있지만, 심슨 가족을 대표하면서 동시에 가장 사랑받는 캐릭터라면 가장인 호머 심슨을 떠올릴 수 있다.

심슨 가족 시트콤의 다양한 인물 중에서 왜 호머 심슨이 가장 사랑받을까? 단순히 주인공이기 때문만은 아니다. 단순한 분석이지만, '캐릭터화'를 이해하기 위해 '호머 심슨'이라는 캐릭터를 '외모(apperance)'와 '성격(personality)'이라는 두 가지 측면에서 살펴보자. 먼저, 호머 심슨은 30대 후반에서 40대 초반의 나이로 묘사된다. (깨끗하게 정리한 민머리가 아니라) 머리카락이 몇 가닥 남아 있는 대머리와 과체중으로 불룩한 올챙이배가 특징이고, 수염을 깔끔하게 깎지 않아서—또는 너무 빨리 자라기 때문에—턱 주변은 항상 거무스름하다(남성들은 이해하겠지만, 수염이 빨리 자라는 경우 아침에 면도를 해도 저녁이 되면 수염자리가 거뭇하게 보이는 경우가 흔하다). 도넛을 좋아하기 때문에 손에는 한 입 베어 문 도넛이나 입가에 설탕 가루가 묻어 있다. 윗 단추를 푼 흰색 셔츠와 푸른색 데님 바지를 즐겨 입으며, 속옷 차림의 모습도 종종 볼 수 있다. 전형적인 평범한(이라기보다는 '비호감'에 가까운) 외모다.

다음으로 호머 심슨의 '성격(personality)'을 생각해 보면, 전형적인(stereotypical) 겉모습과는 다르게 다소 복잡하고, 다중적 성격을 갖는다(이은희, 2015). 호머 심슨을 표현할 수 있는 여러 단어 중 제일 먼저 머릿속에 떠오르는 단어는 '어리석음'이다. 바보 같고 어리석으며, 때로는 무책임하고 이기적이고 약삭빠른 행동을 한다. 하지만 동시에 가족을 우선시하고, (전반적으로) 진심인 말과 행동을 하며, 직장에서 해고당하지 않고 살아남아 가족을 부양한다. 어리석음과 욕심으로 불운의 연속이지만, 결말은 운 좋게 마무리가 된다. 호머 심슨이 '액션 어드벤처'나 '로맨스'와 같은 장르의 이야기가 아니라 중산층에 대한 역설(irony)과 풍자(satire)가 있는 시트콤 코미디 장르의 주인공으로서 적합한 이유라고 할 수 있다.

이번에는 영국 BBC에서 제작한 미니 시리즈 〈셜록〉(2010~2017)의 주인공 캐릭터를 생각해 보자. (탐정으로서 홈스의 상징이라고 할 수 있는) 디어스토커 모자와 파이프 담배를 입에 물고 있으며, 펜싱과 복싱에 능하다. 수사에 진전이 안 되거나 쉴 때면 바이올린을 연주한다. 논리적이고 이성적이며, 냉정하고 자기중심적이다. 대인 관계에 무심하고 오직 자신의 관심사－사건의 추리와 진실－만 추구한다. 강한 개성의 배우 베네딕트 컴버배치가 연기한 BBC 드라마의 셜록 홈스는 기존의 소설 속 홈스라는 캐릭터의 외적/내적 특징을 스마트폰과 인터넷으로 대변되는 현대적 배경에 영리하게 투영한다. '홈스' 대신 '셜록'이라는 이름을 타이틀로 세우면서 홈스의 유산을 계승하는 동시에 새로운 캐릭터로서의 '셜록'을 이야기했고, 많은 팬들은 새롭게 탄생한 젊고 현대적인 셜록 홈스에 찬사를 보냈다.

캐릭터 목표와 유형

아리스토텔레스에 의하면, 비극에서 플롯이 가장 중요하고, 두 번째로 중요한 요소가 성격(character)이다. '드라마에서 표현된 사람들(the human beings represented in the drama)'을 의미하는 캐릭터는 다음의 네 가지 목표를 갖는다(Aristotle, 1968).

1) 선량함: 가장 중요한 특성으로, 의도와 연관

2) 적합성: 행동이 사회적 지위, 성별 등에 적합

3) 원형성: 전래의 스토리에 나오는 원형과 유사

4) 일관성: 행동이 갑자기 변화하지 않고 일관됨. 만약, 캐릭터의 특성이 일관되지 않다면, 이러한 비일관성이 일관적으로 유지되어야 함

심슨 가족의 호머 심슨과 BBC 드라마의 셜록 홈스는 위 네 가지 캐릭터 특성 중 선량함, 적합성, 그리고 일관성 면에서 잘 부합한다(원형성 측면에서는 논의의 여지가 있지만, 호머는 '어릿광대', 셜록은 '현명한 은둔자' 정도로 생각할 수 있겠다). 그 밖에 공통점이 있을까? 두 캐릭터 모두 복잡한 성격의 '입체적' 캐릭터라는 점을 생각할 수 있다.

소설가 E.M. 포스터는 캐릭터를 '평면적(flat)' 또는 '입체적(round)' 캐릭터로 구분한다(Forster, 1927). 평면적 캐릭터는 2차원적 특성, 즉 전형적인 성격을 갖는다. 착한 성격의 인물은 착하기만 하고, 악인은 오직 악한 성격만을 보인다. 복수심에 불타는 주인공은 오로지 복수심만을 생각하며 행동한다. 이와 반대로 입체적 캐릭터는 3차원적 특성을 갖는다. 선과 악의 사이에서, 또는 윤리와 욕망의 사이에서 갈등하는 모습이 우리의 일상생활에서 흔히 볼 수 있는 인물이다. 포스터의 정의에 의하면, 입체적 인물은 "예측하기 어려운 행동을 하지만, 독자들이 이를 충분히 가능하다고 납득하는" 인물이다.

이야기 속에는 여러 역할의 등장인물이 존재한다. 주인공(또는 영웅)이 있고, 주인공을 도와주는 조력자가 한 명 이상 존재하며, 주인공의 목적 달성을 방해하는 적대자(또는 악인)이 있다. 주인공을 도와주지도 않으면서 방해하는 것도 아닌 제3의 인물이 존재할 수도 있다. 이럴 경우, 어떤 등장인물을 평면적 인물로 하고, 어떤 인물을 입체적으로 하면 좋을까?

먼저, 모든 인물이 평면적일 경우(예를 들어, 어린이용 동화 또는 권선징악의 주제가 뚜렷한 할리우드 영화 등)를 생각해 보자. 장점은 독자가 등장인물을 쉽게 이해할 수 있고, 따라서 플롯 전개를 부담 없이 따라갈 수 있다는 점이다. 단점으로는, 등장인물과 플롯이 너무 쉽게 예측 가능하기 때문에 독자가 흥미를 잃을 수 있다. 반대로, 모든 인물이 입체적 인물이라면 어떨까? 독자 입장에서 등장인물의 성격과 의도 파악이 어렵고 따라서 플롯 전개를 예측하기 어렵게 된다. 인지적으로 흥미를 느낄 수도 있지만, 이야기가 너무 어렵다고 느낄 수 있다. 따라서 등장인물을 적절하게 평면적 인물과 입체적 인물로 구성할 필요가 있다.

일반적으로, 주인공은 입체적 인물로 설정하는 것이 좋다. 독자는 주인공이 힘들고 어려운 사건들을 겪으며 성장하고 발전하는 것을 보면서 흐뭇해하거나, 반대로 돌이킬 수 없는 강을 건너면서 타락하는 주인공을 보며 안타까워할 수 있다. 전자의 경우를 긍정적 변화(positive change), 후자의 경우를 부정적 변화(negative change)라고 한다. 플롯이 진행하면서 발생하는 이러한 캐릭터 변화를 '캐릭터 아크(character arc)'라고 부르며, 플롯 유형에 따른 전개와 밀접한 관계가 있다(Weiland 2016).

캐릭터 역할과 원형

러시아의 민속학자인 블라디미르 프로프(Vladimir Propp)는 러시아 민담 분석을 통해 다음과 같은 7가지의 캐릭터 역할을 제시한다(Propp, 1928).

영웅(Hero): 주인공(protagonist)

악인(Villain): 주인공의 목표 달성을 방해함. 적대자(antagonist)

조력자(Helper): 주인공의 목표 달성을 도움

파견자(Dispatcher): 주인공에게 (달성하기 어려운) 목표를 주면서 떠나보냄

기증자(Donor): 주인공의 목표 달성을 위해 유형의 아이템 또는 무형의 도움(예: 지혜)을 줌

가짜 영웅(False Hero): 영웅 행세를 하며 주인공의 공적을 가로채려고 함

공주(Princess): 영웅이 구하고자 하는 대상

위의 캐릭터 역할 분류는 기본적으로 러시아 민담 분석을 통해 이루어졌지만, 민담 특성상 비슷한 서사 구조를 가지며 전 세계로 퍼져 있는 경우가 있어서 적용 범위가 넓다—예를 들어, '신데렐라'의 유사 설화는 우리나라

의 '콩쥐팥쥐'를 비롯해 전 세계에서 발견된다(오윤선, 2006). 또한, 고전 민담뿐만 아니라 현대 동화나 애니메이션, 영웅 서사 등에도 비교적 쉽게 적용할 수 있어 유용하다(유정미, 2023).

프로프의 7가지 유형 외에 빅토리아 슈미트는 칼 융의 원형(archetype)—문화와 세대에 무관하게 우리의 무의식 속에 공통 요소로 남아 있는 것—의 개념과 그리스 로마신화 등을 바탕으로 한 45가지 캐릭터 원형—32가지 주인공 캐릭터 유형(남성 16 + 여성 16)과 13가지 조력자 캐릭터 유형—을 제시한다(Schmidt, 2012). 여기서 주인공 캐릭터 유형이 마치 빛과 그림자처럼 '영웅'의 역할과 '악인'의 역할을 나누어서 묘사하는 것이 흥미롭다. 예를 들면, 아프로디테로 대표되는 캐릭터 원형은 영웅으로서 '매혹적인 뮤즈(the seductive muse)'와 악인으로서 '팜 파탈(the femme fatale)'의 두 가지 면을 가지며, 제우스는 영웅으로서 '제왕(the king)'과 악인으로서 '독재자(the dictator)'의 상징적 이미지를 갖는다. 이와 같은 마스터 캐릭터 유형 분류는 자동 서사 생성 시 캐릭터 선택 등에 활용할 수 있다(Kang & Bae, 2024).

인공지능을 이용한 캐릭터 생성

이야기를 만들 때 플롯과 캐릭터 중 어느 것을 먼저, 그리고 얼마나 자세히 생각하는 게 좋을까? 정해진 규칙이 있다기보다는 이야기의 분량이나 장르 또는 작가의 성향에 따라 다를 것이다. 예를 들어, 소설가 무라카미 하루키는 글쓰기에 관한 그의 에세이에서 '캐릭터 구상'에 대해 다음과 같이 말한다.

> "'이런 캐릭터를 내놓자'고 미리 정하는 일은, 아주 조금의 예외를 제외하고는 일단 없습니다. 글을 써나가는 사이에, 등장하는 사람들의 실상의 축 같은 것이 자연스럽게 세워지고 거기에 다양한 디테일이 차례차례 제 마음대로 풀어나갑니다. 자석이 쇳조각을 붙여가는 것처럼. 그렇게 해서 전체적인 인간상이 만들어집니다"(村上春樹, 2015).

하루키 스타일을 응용한다면, 서사 생성 시 캐릭터를 미리 정해놓기보다는 사건에 따라 선택과 갈등을 겪으며 조금씩 캐릭터화가 이루어지는 것이 맞다. 인공지능을 이용한다면 어떻게 할 수 있을까? 캐릭터 기반 서사 생성 인공지능 연구로는 등장인물들의 시점을 통해 이야기를 생성하려는 연구(Porteous et al., 2010)와 신경망을 이용한 캐릭터-중심 스토리 생성(Liu et al., 2020), 그리고 언어 모델을 이용한 다양한 스토리 생성 시스템들(Xie et al., 2023)이 꾸준히 소개되고 있다. 하지만, 하루키의 조언처럼 어떻게 행동할지가 미리 정해져 있는 캐릭터라면 마치 통조림 캔에 들어 있는 것처럼 식상한 캐릭터다. 상황에 따라 반응하고 적응하면서 스스로 캐릭터를 만들어 가는 '살아 있는' 서사 캐릭터 생성에 관한 연구가 필요하다.

인공지능에서 '지능형(intelligent)' 또는 '합리적(rational)' 에이전트는 센서를 통해 주변 정보를 습득하고, 이를 정해진 규칙 또는 학습을 통해 분석한 후, 자신의 목표 또는 보상을 위한 최적의 방법을 자율적으로 찾는다(Russell & Norvig, 2021). 또한, 가상의 캐릭터가 실제처럼 느껴지게 하는 좋은 방법 중 하나는 에이전트가 감정을 느끼고 이를 자연스럽게 표현하는 것이다(Bates, 1994). 결과적으로, 살아 있고 진짜처럼 느껴지는 서사 캐릭터의 성공적 생성을 위해서는 인공지능과 서사 지식, 그리고 사람의 인지와 심리 과정 시뮬레이션이 필요하다. 쉽지 않다.

참고문헌

오윤선(2006). 세계의 신데렐라유형 이야기군 속에서의 〈콩쥐팥쥐 이야기〉 고찰. ≪동화와 번역≫, 11, 261-289쪽.

유정미(2023). 동화 『마당을 나온 암탉』과 애니메이션 〈마당을 나온 암탉〉 구조 비교분석 -블라디미르 프롭의 『민담형태론』을 중심으로-. ≪동화와 번역≫, 45, 141-162쪽.

이은희(2015). 애니메이션 캐릭터의 다중성 연구. ≪영상문화콘텐츠연구≫, 9, 47-69쪽.

村上春樹(2015). 『職業としての小說家』. スイッチ.パブリッシング. 양윤옥 옮김(2016). 『직업으로서의 소설가』. 현대문학.

Aristotle(1968). Poetics. Oxford. 천병희 옮김(2002). 『시학』(제2판). 문예출판사.

Bates, J.(1994). The role of emotion in believable agents. *Communications of the ACM*, 37(7), pp.122-125.

Forster, E. M.(1927). *Aspects of the novel.* Harcourt, Brace. 이성호 옮김(1990). 『소설의 이해』. 문예출판사.

Kang, I. & Bae, B. C.(2024). Designing metaphor-based character archetypes for a story authoring tool. *International conference on human-computer interaction(HCI International)*, pp.30-35.

Liu, D., et al.(2020). A character-centric neural model for automated story generation. *Proceedings of the AAAI conference on artificial intelligence*, 34(2), pp.1725-1732.

Porteous, J., et al.(2010). Narrative generation through characters' point of view. *Proceedings of the 9th international conference on autonomous agents and multiagent systems(AAMAS '10)*, pp.1297-1304.

Propp, V.(1928). *Morphology of the folktale.* University of Texas

Press. 어건주 옮김(2013). 『민담 형태론』, 지식을만드는지식.

Russell, S. J. & Norvig, P.(2021). *Artificial intelligence: A modern approach. 4th ed.* Pearson. 류광 옮김(2021). 『인공지능 - 현대적 접근 방식, 제 4판』. 제이펍.

Schmidt, V. L.(2012). *45 master characters, revised edition: Mythic models for creating original characters.* Penguin Publishing Group. 남길영 옮김(2017). 『캐릭터의 탄생 - 스토리텔링으로 발견한 45가지 인간 유형의 모든 것』. 바다출판사.

Weiland, K. M.(2016). *Creating character arcs: The masterful author's guide to uniting story structure, plot, and character development.* PenForASword. 박지홍 옮김(2022). 『캐릭터 아크 만들기 - 캐릭터 변화 곡선으로 탄탄한 스토리를 구축하는 법』. 경당.

Xie, Z., et al.(2023). The next chapter: A study of large language models in storytelling. *Proceedings of the 16th international natural language generation conference(INLG)*, pp.323-351.

04
플래시백과 복선

과거의 사건을 현재 시점에서 보여 주는 플래시백(Flashback)과 앞으로 일어날 사건에 대한 암시 또는 힌트를 주는 복선(Foreshadowing)은 서사에서의 시간(Time in Narrative)과 관련한 중요한 서사 장치다. 플래시백과 복선의 사용 예시와 인공지능을 이용한 연구 사례를 살펴본다.

AI와 사주?

서사에서의 시간

서사는 스토리(story 또는 fabula)와 플롯(plot)을 포함하는 상위 개념이다(Chatman, 1980). '사건들(events)'로 구성되는 스토리와 플롯의 가장 큰 차이는 스토리의 사건들이 시간 순서(chronological order)로 일어나는 반면, 플롯의 사건들은 인과성을 고려하여 독자 또는 관객들에게 보이는 순서(presentation order)라는 점이다. 따라서 우리가 서사에서의 시간을 고려할 때 두 가지 개념을 생각할 필요가 있다. 이 차이에 대해 서사학자 제라르 즈네트(Gérard Genette)는 스토리 시간(story time)과 담화 시간(discourse time)으로 구분하여 설명한다.

먼저 몇 가지 예시를 들어서 생각해 보자. 영화 〈인터스텔라〉(2014), 〈인셉션〉(2010), 그리고 〈배트맨 비긴즈〉(2005), 〈다크 나이트〉(2008), 〈다크 나이트 라이즈〉(2012)의 다크 나이트 3부작과 최근작 〈오펜하이머〉(2023) 등으로 잘 알려진 크리스토퍼 놀런 감독의 초기 작품 〈메멘토〉(2000)는 역시간순(reverse chronology) 플롯 구조로 유명하다. 기억 상실증에 걸린 주인공이 자신의 몸에 새겨진 문신을 기반으로 실제 일어난 사건을 재구성하는 형식으로 진행되는 플롯—즉, 관객에게 보이는 사건 순서—은 인과성을 기반으로 역방향 순서로 진행된다. 관객들은 머릿속에서 실제로 일어난 사건들을 추론을 통해 끊임없이 재구성하지만, 결말에 가서 예상하지 못한 새로운 반전을 만나게 된다. 전체적 퍼즐이 모두 맞추어졌을 때 짜릿한 인지적 쾌감을 느낄 수도 있고, 독자의 인지 능력과 개인적 취향에 따라 쾌감보다는 계속되는 플롯 재구성에 따른 피곤함을 느끼며 이야기를 감상하는 재미가 반감될 수도 있다.

다음으로, 픽사 애니메이션 〈업〉(2009)의 첫 시퀀스를 보자. 주인공 칼(Carl)의 어렸을 때부터 현재에 이르기까지 일생이 약 5분간의 빠른 편집을 통해 보인다. 관객들은 이 '요약(summary)'된 (즉, 스토리 시간 〉 담화 시간) 5분간의 시퀀스를 통해 주인공 칼이 자신의 꿈을 접고 현재의 완고한 노인 캐릭터를 구축하게 된 사연을 인지하고 주인공에게 공감할 수 있게 된다(또한, 축약된 시퀀스에서 앞으로 일어날 일에 대한 중요한 사건 중 하나인 '집에 풍선을 달아 여행하는' 장면에 대한 복선을 암시적으로 보여 주기도 한다).

〈업〉 애니메이션의 '요약' 시퀀스와 반대되는 개념은 스토리 시간보다 담화 시간을 길게 표현하는 것이다. 예시로서, 스티븐 킹의 원작 소설을 브라이언 드 팔마 감독이 영화화한 〈캐리〉(1976)를 보자. 플롯의 중요한 반전 역할을 하며 클라이맥스라고 볼 수 있는 유명한 프롬 퀸(Prom Queen) 시퀀스가 있다. 주인공 캐리는 극도로 종교적인 어머니로부터 심리적으로 늘 억압을 받으며 학교에서는 따돌림을 받는다. 졸업생 프롬 파티 저녁, 평소에 캐리를 조롱하던 무리에 의해 조작적으로 프롬 퀸으로 선정되어 무대에서 상을 받는 순간에 (미리 장치된) 무대 위에서 떨어진 돼지 피로 온몸이 적셔진다. 어쩔 줄 몰라 하며 당황하는 캐리와, 이를 비웃는 학생들, 그리고 뜻밖의 사태에 놀라는 교직원들이 교차 편집을 통해 반복적으로 보이면서 캐리는 그동안 억눌러 왔던 자신의 염동력을 각성한다. 이 시퀀스는 실제 스토리 타임에서는 매우 짧은 찰나의 장면이지만, 슬로 모션과 교차 편집 등을 통해 보다 긴 담화 시간으로 표현된다(즉, 스토리 시간 〈 담화 시간).

〈업〉이나 〈캐리〉의 예시처럼 서사에서 사건들이 독자에게 제시될 때 일어난 그대로 보이는 것이 아니라, 의도적으로 사건의 발생 순서를 섞거나 특별한 사건을 선택하여 길게 또는 짧게 표현할 수 있다. 서사학자 제라르 즈네트는 이를 스토리 시간과 담화 시간에서 차이가 나는 세 가지 시간 속성–'순서(order)', '지속 시간(duration)', '빈도수(frequency)'–으로 구별한다(Genette, 1980). 이

중에서 우리에게 잘 알려진 '순서'와 관련된 서사 기법으로 플래시백과 복선이 있다.

플래시백

회상(retrospection 또는 analepsis)을 의미하는 플래시백은 과거에 발생했던 사건을 서사의 현재 시점에서 뒤늦게 보여 주는 서사 기법으로, 영화 서사(cinematic narrative)에서 종종 사용하는 용어다(Prince, 2003). 특히 플래시백은 등장인물과 관련된 뒷이야기(backstory)를 제공함으로써, 인물에 대한 독자의 공감을 높이거나 인물의 선택이나 행동에 대한 당위성을 제공할 수 있다.

플래시백 사건들(즉, 실제로는 앞서 일어났던 사건들)의 길이는 찰나의 짧은 순간부터 제임스 캐머런 감독의 영화 〈타이타닉〉(1997)에서처럼 이야기 전체의 긴 시간에 이르기까지 다양하다. 예를 들어, 쿠엔틴 타란티노 감독의 〈킬 빌-2부〉(2004)는 1부에 이어 챕터 6부터 마지막 챕터까지 총 5개의 챕터로 이루어져 있다. 이 중 챕터 7 '폴라 슐츠의 쓸쓸한 무덤'에서 우마 서먼(Uma Thurman)이 연기하는 주인공 베아트릭스 키도(Beatrix Kiddo)는 복수를 하려다가 오히려 나무 관에 갇혀서 산 채로 땅에 묻히게 된다. 손과 발만 간신히 움직일 수 있는 칠흑같이 어둡고 좁은 공간에서 복수에 실패한 주인공은 절망하고, 관객은 이 시련을 주인공이 어떻게 극복할지 궁금해하게 된다. 바로 이어서 시작하는 챕터 8의 제목 '파이 메이의 혹독한 수련'이 나오면서, (눈치 빠른 독자는 제목에서 벌써 상황을 짐작할 수 있겠지만) 관객은 플래시백을 통해 주인공 키도가 과거에 동양의 무술 고수로부터 혹독한 시련을 통해 주먹으로 격파술이 가능하다는 것을 알게 된다. 예측할 수 있듯이, 챕터 8의 끝 장면에서 서사 시간은 관 속에 산 채로 갇혀 있는 '현재'로 돌아온다. 주인공 키도는 관객들의 기대에 부응해 자신이 과거에 배웠던 격파술을 이용해 나무 관을 부수고 탈출에 성공한다.

플래시백이 왜 필요할까? 만약 앞의 〈킬 빌-2부〉에서 플래시백에 해당하는 챕터 8을 시간순을 고려하여 맨 앞(즉, 챕터 1)에 넣었다면 어땠을까? 예민한 관객이라면 이 챕터가 중요한 복선 역할을 할 것이라고 예측하며 기대할 수도 있지만, 대신 챕터 7에서 키도가 관에 갇혔을 때 관객들이 느꼈던 서스펜스(suspense)는 더 이상 느끼지 못할 것이다. 즉, 캐릭터에 대한 불충분한 지식으로 인해 발생할 수 있는 서스펜스와 캐릭터에 대한 충분한 지식으로 인한 기대감과의 선택에서 연출자 쿠엔틴 타란티노는 전자의 서스펜스를 선택했다고 할 수 있다. 둘 중 어느 것이 정답이라고 할 수는 없고, 연출의 방향이나 전체적 맥락을 고려하여 결정하는 것이 옳다.

플래시백은 위 예시와 같이 극적인 연출 효과를 높이는 외에도 관객의 이해를 돕기 위해서 필요한 경우도 있다. 다시 말하지만, 플래시백 사건은 과거에 관객에게 보여 주어야 할 사건을 "의도적으로" 삭제한 후 적절한 시점에 끼워 넣는 기법이다. 스릴러나 미스터리 장르의 이야기에서 관객의 지식은 종종 등장인물 중 한 명의 지식에 맞추어 진행된다. 예를 들어, 브라이언 싱어 감독의 스릴러 〈유주얼 서스펙트〉(1995)는 배 안에서 다수가 사망한 사건이 발생하고, 유일한 생존자인 떠버리 '버벌(Verbal)'을 수사관이 취조하는 형식으로 진행한다. 전체 이야기는 버벌의 회상을 통해 진행되고, 핵심 인물인 '카이저 소제'의 행방에 대해 관객의 지식은 수사관과 동일하게 맞춰진다. 영화는 엔딩에서 버벌이 취조실에서 풀려나 자신의 차로 향할 때, 버벌의 이야기가 모두 거짓이었음을 수사관이 깨닫는 장면에서 (실제로 일어났지만 관객에게는 보여 주지 않았거나 또는 중요하지 않은 일상처럼 평범하게 보여 준) 과거 사실들을 플래시백으로 관객에게 보여 준다. 이때의 플래시백은 서사에서 중요한 감정 중 하나인 '놀람(surprise)'과 관련되며, '복선'과도 깊은 연관을 갖는다(Bae & Young, 2008).

복선

복선은 플래시백과 함께 소설이나 영화에서 자주 사용되는 중요한 서사 기법 (또는 서사 장치) 중 하나로서, 앞으로 일어날 사건에 대한 암시 또는 힌트를 주는 기법이다(Prince, 2003). 특히, 주인공 또는 특정 등장인물에게 앞으로 안 좋은 일이 생길 것 같은 암시로서 독자에게 '서스펜스'를 불러일으키는 역할을 하는 중요한 서사 장치다.

복선의 가장 큰 특징 중 하나는 '역인과성(reverse causality)'으로, 아직 일어나지 않은 미래의 사건이 역으로 현재의 복선 사건의 원인이 되는 것을 말한다. 예를 들어, 이야기 초반에 검은 폭풍우가 몰아치는 장면이 앞으로 주인공에게 일어날 안 좋은 일에 대한 '징조(sign)'를 나타낸다고 할 때, 앞으로 일어날 안 좋은 일이 원인이 되어 그 결과로서 현재 폭풍우가 일어난 것으로 해석할 수 있다. 즉, 결과(폭풍우)를 원인(장차 일어날 안 좋은 일)보다 선행하여 관객에게 보여 준다(Morson, 1994). 따라서 복선은 기본적으로는 미래가 정해진 직선적 세계관에서만 가능하다.

서스펜스를 불러일으키는 기능 외에, 복선은 나중에 일어날 일에 대한 '후설명 가능성(postdictability)'을 제공하는 기능을 갖는다. 인지심리학자 월터 킨치가 소개한 '후설명 가능성'은 앞으로 일어날 일에 대한 '예측 가능성(predictability)'에 대응하는 용어로서, 이야기가 끝났을 때 서사의 각 부분이 하나의 큰 전체로서 설명될 수 있는 것을 의미한다(Kintsch, 1980). 복선이 '명시적'으로 표현되어서 독자가 현재의 단서가 앞으로 일어날 중요한 사건에 대한 암시를 의미하는 복선임을 깨닫게 되면, 앞으로 일어날 사건에 대해 예측 또는 기대를 통해 서스펜스를 느낄 수 있다. 하지만, 만약 복선이 충분히 '암묵적'으로 표현돼서 독자가 그 순간에는 복선이라는 사실을 알지 못했다가 나중에 중요한 사건이 일어난 후 뒤늦게 앞의 사건이 복선이었음을 알게 될 수도 있다. 즉, 앞으로 나올 사건을 예측할 수 있는 복선이 아니라, 사건이 발생하고 나서 앞의 사건이 복선이었음을 나중에 알게 되면서 각 사건들이 하나의 전체적 이야기로 이해되는 경우다. 예를 들면, 반전 결말(twist ending)로 유명한 M. 나이트 시아말란 감독의 영화 〈식스 센스〉(1999)에서 "나는 죽은 사람들이 보여요"라고 말하는 소년의 대사가 관객의 입장에서는 뒤늦게 복선이었음을 깨달으면서 이야기 전체의 일관성(coherence)과 개연성(probability)을 높여 주는 역할을 한다.

흥미롭게도, 서사에서 복선은 진짜(genuine) 또는 거짓(false)일 수 있다(Genette, 1980). 진짜 복선의 경우, 복선이 암시하는 사건이 실제로 일어나는 중요한 사건이다. 이와 반대로 가짜 복선은 중요한 사건이 일어날 것처럼 보이지만 실제로 일어나지 않거나, 별로 중요하지 않은 경우다. '붉은 청어(red herring)' 또는 '덫(snare)'이라고도 불리는 가짜 복선은 독자의 관심을 의도적으로 다른 곳으로 돌리기 위해 사용되며, 추리나 스릴러 장르에서 종종 볼 수 있다.

인공지능을 이용한 플래시백과 복선 생성

플래시백과 복선은 스토리를 담화로 표현하는 과정에서 의도적으로 사건의 순서에 변화를 주는 기법이다. 인공지능 기술을 이용해서 플래시백 또는 복선을 생성하는 연구는 플래닝 기술을 기반으로 다음과 같이 적용할 수 있다.

플래닝은 심볼(즉, 상징) 기반의 기법이다. AI 플래닝 시스템을 이용해, 1) 심볼로 정의된 사건들을 시간순으로 생성하고, 2) 이 중에서 플래시백 사건을 선택한 후, 3) 선택된 플래시백 사건을 필요한 위치로 이동하는 3단계 과정을 생각할 수 있다. 이 중에서, 2번과 3번을 어떻게 정할 수 있을까? 이를 위해서는 독자가 플래시백을 어떻게 인지하고 머릿속에서 이야기를 재구성하는지 고려해야 한다(Gordejuela, 2021). 예를 들면, 특정 상황에서 캐릭터의 회상 또는 독자에게 뒷이야기(backstory) 설명이 필요한 경우, 영화 이론에 따라 플래시백의 역할을 정의하고 이에 따라 플래시백 사건을 선택한다. 선택된 플래시백 사건을 어떻게 현재 서사에 자연스럽게 끼워 넣을 것인가는 매체 또는 담화의 특성에 따라 적절하게 적용한다.

플래시백의 경우처럼 복선도 플롯 레벨에서 다음의 3단계 과정을 통해 생성할 수 있다. 먼저, 스토리 전체에서 복선의 대상이 되는 중요하거나 반전이 있는 사건을 선택한다. 다음으로, 복선의 속성(예: 암시적 또는 명시적, 진짜 또는 거짓)을 정한 후 복선 사건을 생성한다. 이때, 복선 사건과 복선이 가리키는 대상이 되는 이야기의 중요한 사건은 '담화' 레벨에서 서로 결과(복선)와 원인(복선의 대상이 되는 나중의 중요한 사건) 관계에 있어야 한다. 마지막으로, 복선 사건을 담화 레벨에서 적절한 위치에 삽입한다. 이 세 가지 중에서 두 번째와 세 번째 단계는 정하는 것이 쉽지 않고, 서사 전문가의 도움이 필요하다.

플래닝 외에 데이터 기반의 기계 학습 방법을 사용하려면 플래시백 또는 복선을 자동으로 찾는 알고리즘을 개발하거나 전문가에 의한 적절한 주석 작업이 필요하다. 아직까지 알려진 알고리즘은 없고, 서사 전문가를 활용한 주석 작업은 막대한 시간과 비용이 소요된다. 챗GPT(ChatGPT)와 같은 언어 모델을 활용해 플래시백과 복선을 찾아 자동으로 주석 작업을 한 후 이 데이터셋을 활용하는 방법도 생각해 볼 수 있으나(Chen & Si, 2024), 아직까지는 서사 지식이 있는 전문가의 개입이 필수다.

참고문헌

Bae, B. C. & Young, R. M.(2008). A use of flashback and foreshadowing for surprise arousal in narrative using a Pplan-based approach. *Proceedings of international conference on interactive storytelling(CIDS-08)*, pp.156-167.

Chatman, S.(1980). *Story and discourse*. Cornell University Press. 홍재범 옮김(2019). 『이야기와 담화』. 호모루덴스.

Chen, Y. & Si, M.(2024). Reflections & resonance: Two-agent partnership for advancing LLM-based story annotation.

Proceedings of the 2024 joint international conference on computational linguistics, Language resources and evaluation (LREC-COLING 2024), pp.13813-13818.

Genette, G.(1980). *Narrative discourse: An essay in method.* Cornell University Press.

Gordejuela, A.(2021). *Flashbacks in film: A cognitive and multimodal analysis (Routledge advances in film studies).* Routledge.

Han, R., et al.(2022). Go back in time: Generating flashbacks in stories with event temporal prompts, *Proceedings of the conference of the north american chapter of the association for computational linguistics: Human language technologies*, pp.1450-1470.

Kintsch, W.(1980). Learning from text, levels of comprehension, or: Why anyone would read a story anyway, *Poetics*, 9 (1-3), 87~98.

Morson, G. S.(1994). *Narrative and freedom: The shadows of time.* Yale University Press.

Prince, G.(2003). *Dictionary of narratology*, University of Nebraska Press.

Scirea, M., et al.(2014). Evaluating musical foreshadowing of videogame narrative experiences. *Proceedings of the 9th audio mostly: A conference on interaction with sound.*

Turner, S. R.(2014). *The creative process: A computer model of storytelling and creativity.* Psychology Press.

Wu, H. Y., et al.(2016). A cognitive-based model of flashbacks for computational narratives. *Proceedings of the AAAI conference on artificial intelligence and interactive digital entertainment. (AIIDE-16)*, 12(1), pp.239-245.

05
시점과 초점화

작가는 화자의 시점 변화와 초점화를 통해 독자에게 전달하는 서사 정보를 제한할 수 있으며, 이는 흥미롭고 다양한 서사 생성을 위한 중요한 서사 장치다. 시점과 초점화의 정의와 사례를 살펴보고 관련된 인공지능 연구 예시를 통해 문제점과 시사점을 논의한다.

AI와 아이돌?

서술자(화자) – 누가 이야기를 말하는가?

서사는 말 또는 글을 통해 이야기를 서술(또는 전달)하며, 말하는 사람인 서술자(또는 화자; narrator)가 듣는 사람인 피서술자(또는 청자; narratee)에게 서사를 전달하는 것으로 생각할 수 있다. 화자와 청자 간의 의사소통은 서사에서 중요한 개념이다.

서술자는 서사가 발생하는 이야기 세계에서 주인공에게 일어나는 사건들을 청자에게 전달한다. 이때 서술자는 주인공과 동일 인물일 수도 있고, 주변 인물일 수도 있으며, 또는 이야기 세상 바깥에 존재하는 제3의 존재일 수도 있다. 서술자는 주인공의 속마음을 들여다보면서 무슨 생각을 하는지, 지금 어떤 감정을 느끼는지를 청자에게 전달할 수도 있고 아니면 (마치 영화의 카메라처럼) 주인공과 이야기 등장인물들의 행동을 관찰하면서 전달할 수 있다. 이렇듯 서술자는 이야기 세상과 청자를 연결하는 '다리' 역할을 하며 이야기를 전달하는 중요한 역할을 한다.

서술자가 스토리 세계에서 일어나는 이야기를 청자에게 들려줄 때, 누구의 시점(Point of View, POV) – 즉, 누구의 머릿속에서 혹은 누구의 감정을 따라 – 이야기를 들려주는가에 따라 크게 1인칭(나)과 2인칭(너), 그리고

3인칭(그/그녀/그들)으로 구분하거나 속마음과 감정 표현 가능 여부에 따라 '내적' 또는 '외적'으로 나눌 수 있다. 서술 방식의 기본적 특징과 분류는 다음과 같다(Prince, 2003; Kress, 2005).

1인칭 서술: '나'의 시점으로 이야기를 서술하므로 생생하고 사실적 전개가 가능하지만, 이야기가 1인칭 시점 인물의 세계로 제한될 수 있음. 쉽게 쓸 수 있을 것 같지만, 객관적으로 쓰기 어렵다는 단점이 있음.

2인칭 서술: 흔히 사용되는 방법은 아니며, 실험적 소설이나 인터랙티브 서사에서 종종 사용됨.

3인칭 서술: 이야기를 들려주는 가장 자연스러운 방법이며, 1인칭 시점과 비교해서 좀 더 객관적 서술이 가능함. 시점 인물(POV Character)을 한 명으로 제한하거나 두 명 이상의 복수 인물을 사용할 수 있음.

전지적 서술: 3인칭 서술과 종종 혼동될 수 있으나, 서술자는 모든 인물의 생각과 감정을 절대적 위치에서 청자에게 기술할 수 있음.

한 시점으로 반드시 하나의 이야기를 할 필요는 없고, 하나의 소설에서 다양한 시점을 이용해서 이야기를 전달할 수도 있다. 예를 들어 신경숙의 소설 『엄마를 부탁해』(2008)의 경우, 처음은 2인칭(너)으로 시작해서 각 챕터별로 3인칭 단수(그), 2인칭(너), 1인칭 단수(나), 그리고 2인칭(너)의 시점으로 이야기가 서술된다. 3개의 챕터와 짧은 에필로그로 이루어진 김연수의 소설 『파도가 바다의 일이라면』(2015) 또한 서술자가 1인칭 단수(나), 2인칭(너), 1인칭 복수(우리)와 3인칭 단수(그)의 시점으로 구성된다.

초점화 – 누가 이야기를 보는가?

시점과 유사한 개념으로 프랑스의 서사학자 제라르 즈네트(Gérard Genette)가 소개한 '초점화(focalization)'라는 개념이 있다(Genette, 1980; Bal, 2017). 초점화는 현재 이야기를 '누구의 눈으로 보고 있는가'에 대한 개념으로, 이야기 전체를 전달하는 (즉, 들려주는) 서술자와는 구별된다. 보편적으로 많이 사용되는 '시점'으로는 설명하기 모호한 부분을 초점화 개념을 통해 보다 명확하게 설명할 수 있다.

초점화에서 현재 이야기 세계를 관찰하며 청자에게

정보를 전달하는 인물을 초점자(focalizer)라고 부른다. 초점자는 서술자와 유사한 개념이지만, 항상 일치하지는 않는다. 예를 들면, 이야기 전체의 서술자가 중립적으로 이야기를 전달하면서 일부 장면에서 특정 인물을 초점자로 활용하여 해당 인물의 생각이나 감정을 보다 생생하게 묘사할 수 있다(Abbott, 2008).

초점화의 핵심은 초점자를 통해 스토리 세계의 정보 전달에 제한을 둘 수 있다는 점이다. 즉, 등장인물 중 한 명(꼭 주인공일 필요는 없다)을 초점자 역할로 만든 후, 가치관, 성격, 감정 등을 초점자 기준으로 상황이나 사건, 인물을 기술하며 '색채'를 더할 수 있다.

우리의 일상에서 예를 들어 보자. 내가 바라보는 '나'와 가족(아내, 남편, 딸, 아들 등)이 바라보는 '나', 그리고 친구나 동료들이 바라보는 '나'는 모두 다를 수 있다. 이때 진짜 나는 누구일까? 이 모든 것일 수도 있고, 이 중 일부(또는 모두)가 가짜일 수도 있다. 나를 바라보는 이들은 모두(나 자신을 포함해서) 스스로 만든 고유의 렌즈를 끼고 나를 바라보고 나의 행동을 해석한다고 볼 수 있으며, 이때 각각의 렌즈를 통해 관찰하는 것을 초점자를 통한 초점화라고 생각할 수 있다.

초점화의 종류

즈네트에 의하면, 초점화는 크게 다음과 같이 세 가지로 구분한다.

영 초점화(zero focalization): 초점화가 없음을 의미하며, 전지적 작가 시점과 같은 개념임.

외적 초점화(external focalization): 인물의 외적 묘사(즉, 말과 행동)에 제한되기 때문에, 초점자의 생각이나 느낌을 간접적으로 유추해야 함.

내적 초점화(internal focalization): 초점자의 생각이나 감정을 서술할 수 있으며, 고정(fixed), 복합(multiple), 가변(variable)의 세 가지 속성을 가짐.

세 가지 종류의 초점화 중에서 주의 깊게 볼 초점화는 내적 초점화다. 먼저, 고정 내적 초점화(fixed internal focalization)는 초점자를 한 명의 등장인물로 고정하는 경우다. 예를 들어, 스콧 피츠제럴드의 소설 『위대한 개츠비』(1925)의 경우, 주인공 개츠비를 그의 친구인 닉 캐러웨이가 곁에서 듣고, 지켜보고, 판단하며 서술한다.

시점의 기준으로 본다면 3인칭 관찰자 시점이라고 할 수 있고, 초점화 이론을 기준으로 본다면 고정 내적 초점화라고 볼 수 있다.

다음으로, 복합 내적 초점화(mulitple internal focalization)는 이야기에서 일정 기간 동안 발생한 사건을 다양한 등장인물의 시선으로 재구성하여 보여 준다. 대표적 예로서 구로사와 아키라 감독의 걸작 영화 〈라쇼몽〉(1950)을 들 수 있는데, 숲속에서 일어난 사건과 직접 또는 간접으로 관련된 네 명의 등장인물(도적, 사무라이, 사무라이의 아내, 나무꾼)이 동일한 사건에 대해 각각 '자신의 관점에서 본' 이야기를 관객에게 들려준다. 또 다른 예로서 동화 작가 앤서니 브라운의 『공원에서(Voices in the park)』(1857)를 보면, 같은 시간 같은 장소에서 반려견과 함께 산책 나온 두 가족-(고릴라의 모습으로 표현된) 권위적 엄마와 순종적 아들, 그리고 실직으로 구직 중인 아빠와 밝은 성격의 딸-의 생각과 느낌이 4명의 등장인물 시점으로 반복해서 재구성된다. 〈라쇼몽〉이나 『공원에서』 모두 진짜 진실에 대한 최종 판단은 등장인물들의 이야기를 모두 듣고 난 뒤 관객 스스로 내릴 수 있다. 인간은 자신의 필요나 이익, 신념과 가치관 등에 따라 의도적 또는 무의식적으로 사실을 왜 곡하고 거짓을 말할 수 있는 존재라는 사실과, 진실은 단순히 객관적 사실의 종합이 아닌 주관적 판단이 필요하다는 것을 시점과 초점화 기법을 이용해서 이야기할 수 있다.

마지막으로, 가변 내적 초점화(variable internal focalization)는 다수의 등장인물이 초점자 역할을 한다는 점에서 복합 내적 초점화와 같지만, 동일한 사건이 다수의 초점자에 의해 반복되지 않고 서사 담화가 진행되면서 (마치 달리기 계주에서 주자가 바통을 넘기듯이) 초점자를 변경하면서 이야기가 진행된다.

앞서 언급한 김연수의 소설 『파도가 바다의 일이라면』(2015)는 가변 내적 초점화의 한 예시로서, 서술자와 초점자가 의도적으로 일치 또는 분리되어 있다. 먼저, 첫 번째 챕터에서 독자는 어려서 해외 입양되었다가 성인이 된 후 자신의 친엄마를 찾아 한국에 온 주인공의 눈을 통해 이야기 세상을 보고(즉, 초점자), 주인공의 서술을 통해 고등학생이었던 자신의 엄마가 자신을 낳고 나서 바다에 투신해 자살했다는 충격적인 사실을 알게 된다. 흥미로운 2인칭('너') 시점으로 시작하는 두 번째 챕터에서 '너'(즉, 초점의 대상)는 주인공이다. 여기서 서술자는 죽은 엄마이며, 초점자는 서술자를 포함한 주인공의 주변 인물이다. 독자는 서술자와 초점자의 변화에 따라 새로운 사실을 알게 되고, 진짜 진실은 무엇일까를 궁금해하면서 책을 읽게 된다. 세 번째 챕터는 '우리'-주인공 엄마의 고등학교 친구들-와 '그'-이야기에서 복선으로 일부 언급되었던 등장인물-의 초점과 시점으로 각각 보이고 서술되면서 초점자와 서술자의 변경에 따른 새로운 정보가 또다시 드러난다. 독자의 입장에서는 서술자의 시점 변경과 잦은 초점자 변경이 다소 낯설고 전체 이야기를 이해하는 데 어려움이 있을 수도 있지만, 작가의 의도(예를 들면, 1인칭의 경우 등장인물/서술자의 생각과 감정을 가깝게 느끼면서 공감을 유도하고, 2인칭의 경우 주인공과의 동일시 및 서술자로부터 관찰받는 느낌)에 대해 궁금해하면서 소설을 읽게 된다.

다른 예시로서, 조경아 작가의 『3인칭 관찰자 시점』(2018)에서는 사제가 된 연쇄 살인범의 아들이 주인공이며, 서사는 주인공 주변 인물들의 '3인칭 관찰자 시점'으로 번갈아 가며 진행된다. 신비로운 주인공을 효과적으로 묘사한다는 장점과, 서술자/초점자의 잦은 변경(십여 명의 초점자가 등장)으로 인해 이야기가 산만하게 느껴질 수 있다는 단점이 있다.

인공지능을 이용한 시점과 초점화 연구

서사를 '내용'의 스토리와 '표현'의 담화라는 두 계층으로 구분하여 분석할 때(Chatman, 1980), 시점과 초점화는 서사의 '표현'에 해당하는 담화 계층에 속한다. 물론, 두 계층을 나누지 않고 시점 및 초점화를 함께 고려하면서 전체 서사를 생성할 수도 있지만, 먼저 기본 스토리를 생성하고 나서 생성된 스토리에 맞게 시점 또는 초점화 과정을 거쳐 최종 담화를 완성하는 (즉, 하나의 시스템 출력이 다른 시스템의 입력으로 동작하는 일종의 파이프라인 형태의) 방법론을 공학적 접근 방법 중 하나로서 생각할 수 있다.

서사를 생성할 때 스토리의 서술자나 초점자를 인공지능을 이용해 자동으로 정하는 것은 쉽지 않으며, 크게 두 가지 중 하나를 택할 수 있다. 하나는 전통적 인공지능 기법인 규칙 기반(즉, 심볼 기반) 방법이고, 다른 하나는 신경망 등을 이용해 학습 데이터(즉, 소설 등)로부터 규칙과 특징을 자동으로 학습하는 모델을 구축한 후, 이를 기반으로 원하는 소설을 생성하거나 대규모 언어 모델을 사용하는 방법이다. 이 두 방법은 서로 접근 방법이 다르지만, 최근에는 이 둘을 혼합하는 방법도 소개되고 있다.

인공지능 기반의 게임과 인터랙티브 스토리텔링 연구를 오랫동안 진행해 오고 있는 영국의 마크 카바자(Marc Cavazza) 교수가 이끄는 연구실에서는 언리얼(Unreal) 게임 엔진(game engine)을 이용해 3D 캐릭터로 만든 복수의 '가상 배우(Virtual actor)'들이 정해진 플롯 범위 내에서 자율적으로 자신의 시점에서 목표를 수행하기 위한 행동들(즉, 사건들)을 하게 하였고, 여기에 서사 이론을 적용하여 셰익스피어의 『베니스의 상인』(1596)을 3D 가상 환경에서 생성하는 연구를 진행했다(Porteous et al., 2010).

텍스트 기반 소설의 경우, 현재 MIT 디지털 미디어 교수인 닉 몽포르(Nick Montfort)는 인터랙티브 픽션 분야에서 자동으로 시점 변화를 적용하여 시 또는 소설을 생성하는 초기 연구를 진행했다. 그가 만든 파이선 프로그래밍 언어 기반의 커브십(Curveship) 프로그램은 초점자의 시점에 따라 자동으로 변화하는 인터랙티브 픽션을 생성할 수 있다(Montfort, 2011).

그 밖의 연구로서 인공지능의 플래닝 기법을 이용해 기본 스토리를 생성한 후, 여기에 복합 내적 초점화를 어떻게 적용할 수 있는지를 영화 〈라쇼몽〉(1950)을 기반으로 진행한 연구(Bae et al., 2011)와 가변 내적 초점화를 적용하여 인터랙티브 서사를 생성한 예시(Prehn et al., 2015) 등이 있다.

오픈AI(OpenAI)의 챗GPT(ChatGPT)를 포함한 최근 대규모 언어 모델(LLM)을 이용하면, 적절한 프롬프팅(prompting)만으로 시점이나 초점화를 쉽게 적용할 수 있다(예전에는 어려웠던 연구들이 언어 모델을 이용하면 너무 쉽게 해결돼서 허무하게 느껴질 정도다). 하지만, 현재까지의 언어 모델은 최적의 출력을 찾는 일종의 확률 모델(stochastic model)일 뿐이며, 서사에 대한 전문 지식이 있다고 말할 수 없다. 대규모 언어 모델을 비유적으로 '확률적 앵무새(stochastic parrot)'라고 표현하는 이유다(Bender et al., 2021). 언어 모델을 이용해서 시점 또는 초점화가 적절하게 적용된 서사를 생성하기 위해서는 사용자의 서사 지식이 필요하다. 언어 모델에 파인튜닝(Fine-tuning)을 적용하거나 휴먼 피드백을 포함한 강화 학습(Bai et al., 2022) 등을 활용할 수 있지만, 이를 위해서는 시점과 초점화 관련 내용이 전문가에 의해 주석 작업된 고품질의 데이터셋이 필요하다. 이런 점에서, 시점과 초점화 이론 기반의 서사 생성은 학제 간 융합 학문으로서 좋은 연구 주제라고 생각한다.

참고문헌

김연수(2015). 『파도가 바다의 일이라면』. 문학동네.

신경숙(2008). 『엄마를 부탁해』. 창비.

조경아(2018). 『3인칭 관찰자 시점』. 나무옆의자.

Abbott, H. P.(2008). *The cambridge introduction to narrative. 2nd ed.* Cambridge University Press. 우찬제 외 옮김(2010). 『서사학 강의』. 문학과 지성사.

Bae, B. C., et al.(2011). Automated story generation with multiple internal focalization, *IEEE conference on computational intelligence and games (CIG'11)*, pp.211-218.

Bai, Y., et al.(2022). Training a helpful and harmless assistant with reinforcement learning from human feedback. *arXiv preprint arXiv:2204.05862.*

Bal, M.(2017). *Narratology: Introduction to the theory of narrative, 4th ed.* University of Toronto Press.

Bender, E. M., et al.(2021). On the dangers of stochastic parrots: Can language models be too big?. *Proceedings of the 2021 ACM conference on fairness, accountability, and transparency (FAccT '21)*, pp.610-623.

Browne, A.(2001). *Voices in the park.* DK Children. 공경희 옮김(2021). 『공원에서』. 웅진주니어.

Chatman, S.(1980). *Story and discourse.* Cornell University Press. 홍재범 옮김(2019). 『이야기와 담화』. 호모루덴스.

Genette, G.(1980). *Narrative discourse: An essay in method.* Cornell University Press.

Kress, N.(2005). *Write great fiction - characters, emotion & viewpoint: Techniques and exercises for crafting dynamic characters and effective viewpoints.* Writer's Digest Books.

박미낭 옮김 (2018). 『소설 쓰기의 모든 것 3: 인물, 감정, 시점』. 다른.

Montfort, N.(2011). Curveship's automatic narrative style. *Proceedings of the 6th international conference on foundations of digital games (FDG '11)*, pp.211-218.

Porteous, J., et al.(2010). Narrative generation through characters' point of view. *Proceedings of the 9th international conference on autonomous agents and multiagent systems(AAMAS '10)*, pp.1297-1304.

Prehn, I.H.C., et al.(2015). Bird attack: Interactive story with variable focalization. *Proceedings of the 8th international conference on interactive digital storytelling (ICIDS'15)*, pp.389-392.

Prince, G.(2003). *A dictionary of narratology*. University of Nebraska Press.

06
인터랙티브 서사

독자(즉, 플레이어)가 이야기의 전개와 결말에 영향을 미칠 수 있는 인터랙티브 서사(interactive narrative)는 인공지능의 발전과 함께 꾸준히 발전했으며, 언어 모델의 등장과 함께 새롭게 각광받고 있다. 인터랙티브 서사의 역사와 최근 연구 사례에 대해 살펴본다.

AI와 야구?

인터랙티브 서사

우리는 가끔 과거 일을 생각하면서, "내가 그때 다른 선택을 했었다면 지금 어떻게 되었을까?"라는 생각을 하곤 한다. 그(녀)에게 그때 고백을 했다면/하지 않았다면, 그때 주식(또는 코인)을 샀다면/팔지 않았다면, 다른 학교를 (또는 직장을) 선택했다면 등등. 하지만, 현실에서는 한 번 지나간 시간은 되돌릴 수 없고, 자신의 선택에 대한 책임을 지며 살아간다. 이를 이야기로 만든다면 플롯이 일직선상에 있는 '선형적(linear)' 서사다. 선형적 서사에 비해 선택의 순간마다 새로운 이야기가 만들어지는 '비선형적(nonlinear)' 서사이자, 사용자가 자신의 선택에 따라 이야기의 진행과 결말을 바꿀 수 있는 사용자 참여형 구조의 서사를 '인터랙티브 서사'라고 한다(Riedl & Bulitko, 2013; Murray, 1997).

인터랙티브 서사 분야에서 선구적 역할을 하며 가장 널리 알려진 작품은 2003년 게임 개발자 학회(Game Developer's Conference, GDC)에서 소개된 파사드(Façade)로서, 인디 게임 AI 개발자인 앤드루 스턴과 당시 카네기 멜런 대학교의 전산과 박사 과정 학생이었던 마이클 마티아스(현재 캘리포니아주 산타크루스 대학 전산과 교수)가 2000년대 초반 함께 개발한 '인터랙티브 드라마' 장르의 게임이다(Mateas & Stern, 2003). 파사드에서 플레이어는 게임의 비플레이어 캐릭터(Non-Player Character, NPC)와 키보드를 이용한 텍스트 입력을 통해 의사소통을 한다. 그레이스(Grace)와 트립(Trip)이라는 NPC 커플의 집으로 초대받은 사용자는 계속해서 싸우고 헤어지려는 그레이스와 트립을 잘 중재하는 것이 게임의 목표다—물론, 게임의 플롯은 프라이타크의 피라미드(Freytag, 1895) 서사 구조를 따라 의도적으로 갈등이 점점 고조되도록 짜여 있다. 파사드 게임은 기술적으로 자연어 처리와 컴퓨터 프로그래밍, 그리고 캐릭터 간의 '갈등'과 극적인 플롯 구조 등의 서사 이론을 희곡 이론의 '스토리 비트(story beat)'에 기반하여 개발되었으며, 기존의 분기형 서사(branching narrative)를 벗어나 사용자(즉, 플레이어)와의 상호 작용을 통해 창발적으로 발생하는 서사(emergent narrative)를 구현하여 많은 관심과 인기를 얻었다.

파사드 게임 개발자 중 한 명인 앤드루 스턴은 현재 플레이어블 스튜디오(Playable Studios)를 운영하고 있으며, 이 웹사이트에서 최근 프로그램을 다운로드받아서 플레이할 수 있다. 유튜브 등에서 파사드 게임을 검색해 보면 예상치 못한 다양한 전개와 결말을 재밌게 해설한

동영상들을 쉽게 찾을 수 있으며, 이는 인터랙티브 서사의 대중적 가능성을 잘 보여 준다.

인터랙티브 서사의 역사를 거슬러 올라가 보면, 그 시초로서 국내에서는 〈내 맘대로 골라라〉 또는 〈끝없는 게임〉 시리즈로 번역되어 알려진 '자신만의 모험 선택(Choose your own adventure)' 도서 시리즈(1979~1998, Bantam Books)가 있다. 순서대로 책을 읽지 말고 자신이 원하는 선택에 따라 읽으라고 권하는 이 시리즈는 사건의 분기가 되는 시점에서 특정 페이지로 건너뛰도록 되어 있고, 독자는 책을 읽으며 책 페이지를 앞뒤로 넘기면서 읽게 된다(만약 마음에 안 드는 전개를 만나면 이전 선택으로 다시 가서 다른 선택을 하면 된다). 이는 향후 웹사이트의 기본 개념이 되는 하이퍼텍스트(Hypertext－즉, 링크의 클릭을 통해 다음 또는 이전 페이지로 자유롭게 이동이 가능한 텍스트 형식)의 '비선형성'과 '상호 작용성'의 개념을 아날로그 매체에서 구현한 형태라고 볼 수 있다. 이는 향후 디지털 매체에서 인터랙티브 서사 구현의 좋은 초석 역할을 하였다.

텍스트 어드벤처 게임과 인터랙티브 픽션

넷플릭스 드라마로 제작된 〈기묘한 이야기(Stranger

Things)〉 시즌 1의 첫 에피소드를 보면, 주인공 소년과 친구들이 지하실 방에 모여 시간 가는 줄 모르고 '던전 앤 드래건(Dungeons & Dragons, D&D)' 게임을 플레이하는 장면이 나온다. 최초의 테이블탑 롤플레잉 게임(Tabletop Role-Playing Game, TRPG)으로 알려진 D&D는 국내에는 비교적 덜 알려져 있지만 본격적인 비디오 게임이 개발되기 전에 엄청난 인기를 끌었으며, 지금까지도 전 세계에서 인기를 얻고 있다.

TRPG 게임은 게임 마스터가 게임의 세계관 설명 및 전반적 게임을 진행하면서 플레이어 캐릭터(Player Character, PC) 역할을 한 참가자들이 자신에게 주어진 스킬과 역할에 따라 테이블 위에서 카드와 주사위, 펜과 종이 등을 이용해 플레이하는 역할극 놀이로서, 현재의 온라인 멀티플레이어 게임의 아날로그 버전이라고 생각할 수 있다. 게임 마스터의 책임과 역량이 매우 중요하며, 자신에게 주어진 역할에 충실하면서 게임 마스터를 비롯한 다른 플레이어들과의 협조를 통해 게임의 목적을 달성할 수 있다. D&D와 같은 TRPG 게임은 단순한 오락 기능을 넘어서 언어를 통한 의사소통 능력, 상상력과 창의력을 통한 문제 해결 능력, 팀워크 향상 등의 훌륭한 교육용 교재로 사용될 수 있다.

〈내 맘대로 골라라〉 책 시리즈나 D&D와 같은 TRPG 게임들과 비슷한 시기에 최초의 텍스트 어드벤처 게임(Text Adventure Game)으로 알려진 윌리엄 크로더의 '거대 동굴 모험(Colossal Cave Adventure, 1976)' 시리즈가 개발된다. 텍스트 어드벤처 게임은 텍스트만으로 이루어진 비디오 게임으로, 플레이어는 키보드 입력을 통해 주어진 문제를 해결하고 게임의 목표를 달성해야 한다. 예를 들면 깜박이는 커서에 '북쪽으로 가라(Go north)', '문을 열어라(Open door)' 등의 간단한 명령어를 자연어로 입력하면서 이에 따른 시스템의 반응에 따라 게임 월드를 탐험하고, 원하는 목적을 달성한다(Montfort, 2005). 텍스트 어드벤처 게임 장르는 이후 세계적인 성공을 거둔 인포컴(Infocom)사의 조크(Zork) 시리즈 등을 통해 비디오 게임 장르에서 중요한 위치를 차지한다.

'인터랙티브 픽션(Interactive Fiction, IF)'은 텍스트 어드벤처 게임과 거의 같은 의미로 사용되지만, 엄격한 의미에서 구별한다면 게임 월드에서 문제 해결을 위한 '어드벤처'보다는 '양방향성'을 기반으로 한 '서사'에 초점을 둔다 [예: (김은정 · 이은솔, 2023)]. 또한 인터랙티브 픽션은 텍스트 이외에 이미지, 사운드, 동영상 등 멀티미디어 요소를 갖추는 경우도 흔히 볼 수 있다.

게임 장르 중 하나로 분류되기도 하는 인터랙티브 픽션 또는 텍스트 어드벤처 게임은 인디 또는 상업적 목적의 게임으로도 많은 인기를 얻고 있다. 인디 게임 중에서는 비교적 잘 알려진 〈스탠리 패러블(The Stanley Parable)〉(2013)이나 반지하게임즈의 〈서울 2033〉(2018), 안나푸르나 인터랙티브의 〈플로렌스〉(2018) 등이 좋은 반응을 얻었으며, 상용 게임으로는 퀀틱 드림의 〈헤비 레인〉(2010)과 〈디트로이트: 비컴 휴먼〉(2018) 등이 많은 관심을 받았다. 밸브 코퍼레이션이 운영하는 온라인 게임 유통 플랫폼인 스팀(Steam)이나 인디 게임 유통 플랫폼으로 잘 알려진 이치닷아이오(itch.io) 등에서 '인터랙티브 픽션', '인터랙티브 드라마', '텍스트 어드벤처' 등의 태그를 이용하면 다양한 작품들을 검색할 수 있고, 관련 분야의 상업적 가능성도 살펴볼 수 있다.

비주얼 노블

비주얼 노블(Visual Novel, VN)은 명확한 정의를 내리기는 어렵지만, 서사 중심의 비디오 게임 장르 또는 인터랙티브 서사 게임으로 볼 수 있으며, 교육과 의료 등 다양한 기능성 게임 분야에서도 널리 사용된다(Camingue,

2021). 게임 디자인에서 중요한 사용자와의 상호 작용(즉, 인터랙션) 외에 텍스트와 이미지, 음악, 효과음 등의 종합적인 멀티미디어를 다양하게 활용해서 효과적으로 이야기를 전달하는 것이 목표다.

대표적 비주얼 노블 게임의 예시로는 일본의 키(Key)에서 개발한 〈클라나드〉(2004), 베네수엘라의 스케반 게임즈가 개발한 〈발할라: 사이버펑크 바텐더 액션〉(2017)과 인도네시아의 게임 회사 토그 프로덕션의 〈커피 토크〉(2020) 등이 많은 관심을 받았다. 〈클라나드〉는 대표적 미소녀 게임의 구조를 갖고 있으며, 〈발할라〉와 〈커피 토크〉는 음료를 제조하며 이야기를 듣는 구조의 형식으로 진행되고, 제조 음료에 따라 다른 스토리 전개가 진행된다. 즉, 게임에서 플레이어는 일종의 '서술자(또는 화자)'의 시점으로 이야기 진행에 참여하는 형식이다.

인터랙티브 스토리텔링 저작 도구

상업적 또는 오픈 소스 기반의 다양한 인터랙티브 스토리텔링 저작 도구들이 존재한다. 그중에서 많이 사용되는 도구로는 사용자 선택에 따른 브랜칭 서사 작성을 도와주는 트와인(Twine)과 잉크(Ink) 등이 있으며, 비주얼 노블 저작 도구로 잘 알려진 파이선 언어 기반의 렌파이(Ren'Py)가 있다.

사용자 선택에 따라 이야기 전개가 달라지는 분기형 인터랙티브 서사 외에 정해진 플롯 없이 사용자(들)에 의해 이야기가 즉흥적으로 만들어지는 창발적 서사 생성을 위해 게임 엔진(game engine)을 이용해 2D 또는 3D 게임 형태의 인터랙티브 서사를 생성할 수 있다(Aylett, 2022). 게임 엔진은 캐릭터 조작이나 맵 생성, 레벨 에디터와 같이 게임 개발에 필요한 요소들을 하나로 모아서 보다 쉽게 비디오 게임을 개발할 수 있도록 만든 소프트웨어 프레임워크다. 유니티(Unity)나 언리얼(Unreal) 엔진과 같은 상용 게임 엔진과 고도(Godot) 엔진과 같이 MIT 라이센스로 무료 배포되는 오픈 소스 게임 엔진들이 있다.

인터랙티브 서사 커뮤니티 및 연구 사례

상용 게임이 아닌 본격적인 인터랙티브 서사는 아직 실험 또는 초기 단계라고 볼 수 있다. 예를 들어, 세계 최대 스트리밍 플랫폼 중 하나인 넷플릭스에서 〈블랙 미러: 밴더스내치〉(2018), 〈당신과 자연의 대결〉(2019) 등의 다소 실험적인 인터랙티브 무비를 계속 제작하고 있으나, 아직 초기 단계이고 대중적 관심은 많지 않다.

산업계와 달리 학계에서는 인공지능 기반의 인터랙티브 서사에 대한 연구가 게임 도메인을 중심으로 꾸준히 진행되었다. 대표적 커뮤니티로는 매년 개최되는 인터랙티브 디지털 스토리텔링 국제 학술대회(ICIDS)를 주관하는 디지털 인터랙티브 서사 연구 협회(Association for Research in Digital Interactive Narratives, ARDIN), 인공지능과 인터랙티브 디지털 엔터테인먼트(AI and Interactive Digital Entertainment, AIIDE) 학회 등이 있으며, FDG(Foundations of Digital Games)와 같은 게임 커뮤니티에서도 관련 연구들을 찾을 수 있다. 학계 연구들은 전통적인 AI 플래닝과 기계 학습/딥 러닝 등을 기반으로 한 게임 인공지능 기술들과 최근에는 대규모 언어 모델을 이용한 연구도 많이 소개되고 있다.

2023년도 ICIDS 학회에서 소개된 흥미로운 최근 연구 몇 가지를 예시로 들면, 인터랙티브 서사를 활용하여 혐오 표현에 효과적으로 대응할 수 있는 '대항 인터랙티브 서사'를 생성하거나(Silva, 2023), 언어 모델을 이용하여 기후 위기 주제의 인터랙티브 서사를 생성하는 연구(Gursesli et al., 2023) 등이 소개되었다. 이 밖에 교육 분야에서 초등학생을 대상으로 인터랙티브 서사 생성을 통한 융합형 학습 방법을 제시하거나(Gupta et al.,

2023), 자동으로 인터랙티브 스토리텔링 장면(scene)을 생성하는 연구(Kumaran et al., 2023) 등이 소개되었다.

인터랙티브 서사는 인문학과 서사학, 인공지능과 전산학, 자연어 처리, 교육학, 인지 심리학, 게임학 등을 포괄하는 융합 학문 분야다. 인공지능(특히, 챗GPT와 같은 언어 모델)의 인기와 함께 새롭게 주목받는 분야들 중 하나지만, 어떻게 선택지를 주면 좋은 (또는 흥미로운) 분기가 되고, 인공지능의 지능형 에이전트들을 어떻게 활용해야 좋은 창발적 서사가 생성될 수 있는지에 대해서는 아직 연구할 것이 많다. 언어 모델의 발달과 함께 상업적 그리고 학문적 성과가 기대된다.

참고문헌

고도(Godot) 게임 엔진. https://godotengine.org/

김은정·이은솔(2023). 다시 쓰기 전략으로 본 인터랙티브 픽션의 가능성 : 『B사감: The New World』를 중심으로. ≪인문콘텐츠≫, (70). 9-28쪽.

렌파이(Ren'Py). https://www.renpy.org/

언리얼(Unreal) 게임 엔진. https://www.unrealengine.com/

유니티(Unity) 게임 엔진. https://unity.com/

잉크(Ink). https://www.inklestudios.com/ink/

트와인(Twine). https://twinery.org/

플레이어블 스튜디오스. https://www.playablstudios.com/

ARDIN(Association for research in digital interactive narratives).

https://ardin.online

Aylett, R.(2022). Interactive narrative and story-telling. In Lugrin, B. et al.(Ed.), *The handbook on socially interactive agents: 20 years of research on embodied conversational agents, intelligent virtual agents, and social robotics volume 2.* Association for Computing Machinery.

Camingue, J., et al.(2021). What is a visual novel? *ACM human-computer interaction 5,* CHI PLAY, Article 285.

Freytag, G.(1895). *Technique of the drama: An exposition of dramatic composition and art.* S. Griggs.

Gupta, A. et al.(2023). Fostering interdisciplinary learning for elementary students through developing interactive digital stories. *International conference on interactive digital storytelling(ICIDS '23),* pp.50-67.

Gursesli, M. C., et al.(2023). The chronicles of ChatGPT: Generating and evaluating visual novel narratives on climate change through ChatGPT. *International conference on interactive digital storytelling(ICIDS '23),* pp.181-194.

Kumaran, V., et al.(2023). Scenecraft: Automating interactive narrative scene generation in digital games with large language models. *Proceedings of the AAAI conference on artificial intelligence and interactive digital entertainment,* 19(1), pp. 86-96.

Mateas, M. & Stern, A.(2003). Façade: An experiment in building a fully-realized interactive drama. *Game developers conference,* 2. pp.4-8.

Montfort, N.(2005). *Twisty little passages: An approach to interactive fiction.* MIT Press.

Murray, J.H.(1997). *Hamlet on the holodeck: The future of*

narrative in cyberspace. Free Press. 한용환, 변지연 옮김(2001). 『인터랙티브 스토리텔링 : 사이버 서사의 미래』. 안그라픽스.
Riedl, M. O. & Bulitko, V.(2013). Interactive narrative: An intelligent systems approach. *AI magazine*, 34(1), pp.67-77.
Silva. C.(2023). Fighting against hate speech: A case for harnessing interactive digital counter-narratives. *International conference on interactive digital storytelling(ICIDS '23)*, pp.159-174.

07
게임, 서사, 그리고 영웅의 여정

놀이와 게임은 '재미' 요소를, 그리고 서사는 '흥미' 요소를 갖는다. 게임과 서사의 차이점에 대해 논의하고, 게임 서사에서 중요한 역할을 하는 프로프의 31가지 서사 기능과 조지프 캠벨의 영웅의 여정에 대해 살펴본다.

AI와 윤동주?

게임과 놀이 이론

게임 디자인의 핵심은 '놀이'다. 어렸을 때 친구들과 함께 정신없이 놀던 기억을 떠올려 보자. 어느 정도 이상의 연령층이라면, 술래잡기, 무궁화 꽃이 피었습니다, 제기차기, 딱지치기, 구슬치기, 땅따먹기, 고무줄놀이 등의 실외 놀이와 인형 놀이나 조잡한 장난감을 갖고 놀았던 소꿉놀이를 기억할 것이다. 밖에서 친구들과 함께 공차기를 하며 놀던 기억도 즐거운 추억이다. 이보다 젊은 연령층이라면, 다마고치로 디지털 펫을 키우거나 친구들과 함께 비디오 게임을 하던 추억을 떠올릴 수 있다. 이러한 '놀이'들은 우리의 기억 속에 '재미'와 연결돼 있다. 우리가 책이나 영화를 계속 보는 이유가 이야기의 '흥미' 때문이라면, 게임을 하는 이유는 게임의 '재미' 때문이다. 따라서 (비디오 또는 컴퓨터) 게임 디자이너는 기본적으로 놀이의 재미 요소를 게임 디자인에 반영한다(Macklin & Sharp, 2016). 게임의 가치는 곧 '재미'라고 할 수 있다(Koster, 2013).

그러면, '흥미'와 '재미'는 어떤 차이가 있을까? 네이버 국어사전을 참고하면, 두 단어의 정의는 다음과 같다.

흥미: 1) 흥을 느끼는 재미; 2) 어떤 대상에 마음이 끌린다는

감정을 수반하는 관심

재미: 아기자기하게 즐거운 기분이나 느낌

예를 들어, 한 친구가 새로 나온 영화를 봤다고 하자. 보통 "그 영화 재밌어?"라고 묻는다. "그 영화 흥미롭니?" 또는 "그 영화 흥미로운가요?"는 어딘가 어색하다. 우리가 일상생활에서 사용하는 '흥미'가 위의 정의에서처럼 두 개의 뜻이 포함되어 있는 것과는 달리, 영어의 흥미(interest)는 "사물 또는 사람에 대해 알고 싶어하는 마음 상태"로 '호기심'에 가까운 것으로 정의되며 '재미(fun)'와는 명확하게 구별된다.

굳이 사전적 정의를 이용해서 '흥미롭다'와 '재밌다'의 차이를 비교한 이유는 게임 디자인의 기초가 되는 놀이의 재미 요소와 서사의 흥미 요소가 차이가 있음을 말하고 싶어서다. 물론, 이 밖에도 게임 디자인의 경우 플레이어의 적극적인 '참여'를 통해 놀이의 재미가 완성되도록 상호 작용(interaction)을 설계하고, 이를 통해 플레이어의 자율적 선택을 지원하는 에이전시(agency–즉, 플레이어의 자율성)의 개념(Mallon, 2008) 등이 서사 창작과는 다른 점이다. 전략 시뮬레이션 게임 〈문명(Civilization)〉

으로 유명한 게임 디자이너 시드 마이어(Meier, 2020)는 이런 맥락에서 게임을 "흥미로운 선택의 연속(a series of interesting choices)"이라고 정의한다.

서사를 필요로 하는 게임 장르

모든 게임이 서사, 즉 이야기를 필요로 하지는 않는다. 예를 들면, 블록 구조를 변화시켜 공간 퍼즐을 맞추는 〈테트리스(Tetris)〉나 미로 안에서 적을 피하며 점을 먹어서 점수를 높이는 〈팩맨(Pac-Man)〉, 그리고 귀여운 공룡 캐릭터를 조정해 '버블'을 만들어서 공격 및 회피를 하는 〈버블 버블(Bubble Bubble)〉 등의 고전 게임들은 서사가 거의 없다고 할 수 있다. 그 밖에, 1인칭 시점의 슈팅 게임이나 장애물을 피해 목적지에 도착하는 것을 목표로 하는 플랫포머(Platformer) 장르의 게임들(예: 〈슈퍼 마리오〉 시리즈)에서도 서사의 역할은 미약한 경우가 많다. 하지만 서사가 없거나 중요하지 않다고 해서 게임이 '재미없다'고 할 수는 없다. 서사와 게임은 서로 공통점과 차이점이 있는 대등한 개념이며, 게임 장르에 따라 서사가 중요하거나 그렇지 않다고 보는 것이 맞다.

게임 장르 중 서사가 중요한 대표적 게임 장르는 플레이어가 특정 캐릭터의 '역할'을 맡아 퀘스트(Quest) 수행을 통해 캐릭터를 성장시키고 모험을 수행하는 롤플레잉 게임(Role-Playing Game, RPG)과 액션 어드벤처 게임 장르다. 대표적인 RPG 또는 MMORPG(Massively Multi-player Online Role-Playing Game, 대규모 다중 사용자 온라인 롤플레잉 게임)로는 〈파이널 판타지〉 시리즈나 〈월드 오브 워크래프트〉, 그리고 원작 소설을 기반으로 한 〈위처〉 시리즈 등이 있으며, 국내의 경우 〈리니지〉와 〈바람의 나라〉, 〈검은 사막〉 등이 있다. 그 밖에 몰입감 있는 스토리를 통해 인기를 끈 액션-어드벤처 장르 게임으로 〈언차티드〉나 〈라스트 오브 어스〉 시리즈 등이 있다. 이러한 게임들 모두에 공통되는 특징이라고 할 수는 없지만, 게임 서사에서 중요한 원형이 되는 플롯 구조로서 프로프의 31가지 서사 기능(Propp, 1928)과 조지프 캠벨의 '영웅의 여정'을 빼놓을 수 없다(Campbell, 1949; Plyler, 2013).

프로프의 31가지 서사 기능

러시아의 구조주의 민속학자인 블라디미르 프로프 Vladimir Propp, 1895~1970)는 백여 편의 러시아 민담을 분석한 후 민담들의 대표적인 공통 특징으로 이야기의 플롯을 구성하는 31가지 기능(function)과 이를 위한 7가지의 인물 유형 또는 역할－영웅(hero), 악당(villain), 기증자(donor), 조력자(helper), 공주(princess), 파견자(dispatcher), 가짜 영웅(false hero)－을 제시하였다(Propp, 1928). 플롯을 구성하는 기능으로서 31가지 서사 단위(또는 모티프)는 민담들에서 공통적으로 나타나는 플롯이 있으며, 이를 구성하는 특정한 사건들이 대부분 일정한 순서대로 등장하여 전체 이야기의 틀을 구성한다는 주장이다. 이해하기 쉽도록 발단(beginning)-전개(middle)-결말(end)의 3막 구조를 이용한다면 다음과 같이 설명할 수 있다.

1막 (발단)

1) 부재 : 주인공 가족 중 한 명의 부재

2) 금지: 주인공에게 특정 행동이 금지

3) 위반: 주인공이 금지된 행동을 함. 모험의 시작

4) 탐색: 악당이 정보를 탐색

5) 누설: 악당에게 (중요한) 정보가 누설

6) 속임수: 악당이 희생자를 속임

7) 방조: 의도치 않게 악당을 도움

8) 가해: 악당으로부터 피해를 입음

9) 중재: 주인공이 문제에 대해 알게 됨

10) 대항 개시: 주인공의 적극적 문제 해결 시도

11) 파견: 문제 해결을 위해 주인공이 모험을 떠남

2막 (전개)

12) 시험: 주인공의 자질에 대한 첫 번째 시험

13) 반응: 주인공의 시험에 대한 반응

14) 획득: 주인공이 마법의 아이템 획득

15) 공간 이동: 주인공이 목적지로 이동

16) 투쟁: 주인공과 악당의 대결

17) 낙인: 주인공이 상처 또는 표식을 받음

18) 승리: 악당의 패배

19) 해소: 최초의 불행 또는 결여 해소

3막 (결말)

20) 귀환: 주인공이 집(또는 고향)으로 돌아옴

21) 추적: (악당의) 주인공 추적

22) 구조: 주인공이 도움을 받아 추적에서 벗어남

23) 은밀한 도착: 주인공이 정체성을 숨기고 도착

24) 부당한 요구: 가짜 영웅의 부당한 요구

25) 난제: 주인공이 해결해야 할 최종 과제가 주어짐

26) 해결: 주인공의 최종 과제 해결

27) 인지: 주인공의 진짜 모습(정체성) 인지

28) 폭로: 가짜 영웅의 정체 폭로

29) 변신: 주인공의 외모 또는 지위에 변화

30) 처벌: 악당의 처벌

31) 결혼: 주인공이 보상을 받고 (공주와) 결혼

조지프 캠벨의 영웅의 여정 17단계

프로프가 러시아 민담들의 공통된 플롯 구조로서 31가지 '기능'을 중심으로 형식화했다면, 프로프의 연구를 기반으로 신화학자 조지프 캠벨은 프로이트의 정신 분석학을 기반으로 세계 신화와 민담에서 공통적으로 나타나는 '영웅'의 내적 성장을 중요하게 다루면서 다음과 같이 17단계의 '원질 신화(monomyth)' 또는 '영웅의 여정(hero's journey)'을 이야기한다.

1막 (출발, Departure)

1) 모험에의 소명: 운명이 영웅을 부름

2) 소명의 거부: (다른 일 때문에) 소명을 거부함

3) 초자연적 조력: 소명에 응답하고 조력자를 만남

4) 첫 관문의 통과: '관문의 수호자'를 만나고 통과함

5) 고래의 배: 미지의 세계로 들어감. 기존의 자아를 버리고

새롭게 태어남

2막 (입문, Initiation)

6) 시련의 길: 시련을 겪으며 외적 · 내적으로 성장함

7) 여신과의 만남: '여신'을 만나 혼례를 치름

8) 유혹자로서의 여성: 유혹을 견디며 보다 성숙해짐

9) 아버지와의 화해: 내적 갈등의 극복. 정체성 확립

10) 신격화: 해탈의 경지에 이르러 초인간이 됨

11) 홍익: 궁극의 영약으로 세상을 이롭게 함

3막 (귀환, Return)

12) 귀환의 거부: 사회 귀환의 책임을 회피함

13) 불가사의한 탈출: 귀환 의사에 반한 추격전

14) 외부로부터의 구조: 초자연적 도움을 받음

15) 귀환 관문의 통과: 1막의 첫 관문과 대응

16) 두 세계의 스승: 두 세계 경계를 자유롭게 이동

17) 삶의 자유: 여정의 결과로 본질을 깨달음

프로프의 31가지 기능이나 캠벨의 영웅의 여정 17단계를 순차적으로 보고 있으면 머릿속에 익숙한 플롯 구조로 떠오르는 이야기들이 있다. 예를 들면, 조지 루카

스의 〈스타워즈〉 3부작(에피소드 4~6)이나 J.R.R. 톨킨의 판타지 원작 소설을 기반으로 한 피터 잭슨의 영화 〈반지의 제왕〉 3부작, 호머의 〈오디세이〉나 소포클레스의 〈오이디푸스 왕〉과 같은 고전들, 그리고 드림웍스의 애니메이션 〈슈렉〉 등은 영웅의 여정을 따르는 플롯 구조로 잘 알려져 있다.

민담이나 세계 신화는 우리의 무의식 속에서 전해져 내려오는 원형적 스토리를 담고 있고, 이러한 원형적 스토리를 바탕으로 많은 소설과 영화가 만들어져 왔다. 게임의 서사, 특히 RPG 게임에 사용되는 서사에 반드시 프로프의 31가지 기능이나 캠벨의 영웅 여정을 적용할 필요는 없으나, 각 단계의 기능에 맞게 적절한 퀘스트를 생성하면서 게임 서사의 플롯을 설계할 수 있다(김용재, 2011).

인공지능을 이용한 게임 서사 생성

인공지능을 이용한 게임 서사는 6장의 인터랙티브 서사 생성처럼 목표 달성을 위해 에이전트에게 필요한 행동을 자동으로 찾는 플래닝 기술을 이용해 분기형(branching) 또는 창발적(emergent) 방법으로 서사를 생성할 수 있다(Young et al., 2013). 분기형 서사는 플레이어가 선택할 수 있는 선택지를 자동으로 생성하는 형태이며, 창발적 서사는 정해진 AI에 의해 작동하는 비플레이어 캐릭터(Non-Player Character, NPC)들에게 각각의 목표를 주고 행동하게 만듦으로써 스토리가 진행된다.

대규모 언어 모델의 성능이 빠르게 향상되면서 생성형 인공지능을 이용해 게임 플롯이나 NPC 대화를 자동으로 생성하는 연구가 계속 진행되고 있지만(Peng et al., 2024), 아직까지는 생성형 인공지능이 프로프의 서사 기능이나 영웅의 여정 단계를 충분히 '이해'하고 이를 기반으로 게임의 서사를 자동으로 생성하기는 어렵다. 이보다는 서사 이론과 인공지능 기술을 적절하게 활용해 보다 흥미로운 게임 서사 또는 게임 시나리오를 생성하는 쪽으로 연구가 진행되고 있다.

참고문헌

김용재(2011). 게임 퀘스트 스토리텔링 구조분석: 프롭의 민담기능대입을 중심으로. ≪한국콘텐츠학회논문지≫, 11(10), 69-76쪽.

Campbell, J.(1949). *The hero with a thousand faces*. New York: Bollingen Foundation. 이윤기 옮김(2018). 『천의 얼굴을 가진 영웅』, 민음사.

Koster, R.(2013). *Theory of fun for game design*. O'Reilly. 유창석, 전유택 옮김(2017). 『라프 코스터의 재미 이론』, 길벗.

Macklin, C. & Sharp, J.(2016). *Games, design and play: A detailed approach to iterative game design.* Addison-Wesley Professional. 고은혜 옮김(2017). 『게임, 디자인, 플레이 : 반복적인 게임 디자인에 대한 상세한 접근법』, 정보문화사.

Mallon, B.(2008). Towards a taxonomy of perceived agency in narrative game-play. *Computers in entertainment (CIE)*, 5(4), pp.1-15.

Meier, S.(2020). *Sid Meier's Memoir!: A life in computer games.* WW Norton & Company. 이미령 옮김(2021). 『시드 마이어 : 컴퓨터 게임과 함께한 인생』, 영진닷컴.

Peng, X., et al.(2024). Player-driven emergence in LLM-driven game narrative. *IEEE conference on games (CoG)*, pp.1-8.

Plyler, J.(2013). Video games and the hero's journey. *Writing and rhetoric.*

Propp, V.(1928). *Morphology of the folktale.* University of Texas Press. 어건주 옮김(2013). 『민담 형태론』, 지식을만드는지식.

Young, R. M., et al.(2013). Plans and planning in narrative generation: a review of plan-based approaches to the generation of story, discourse and interactivity in narratives. *Sprache und datenverarbeitung, special issue on formal and computational models of narrative*, 37(1-2), pp.41-64.

08
서사 감정

이야기를 읽으며 느끼는 흥미로서 인지적 흥미와 정서적 흥미를 구분하고, 서사 감정으로서 내적 감정과 외적 감정을 살펴본다. 또한, 인공지능을 이용해 서사 감정을 불러일으키는 방법에 대해 논의한다.

AI와 한의학?

우리는 왜 이야기를 좋아할까?

우리 모두는 이야기를 좋아한다. 인지 능력이 아직 완전히 발달하기 전 어렸을 때부터 할머니, 할아버지 또는 엄마, 아빠가 잠자기 전에 들려주는 이야기에 빠진다. 성장하면서부터는 친구나 가족에게 그날 혹은 최근 있었던 일들을 '이야기' 형식을 통해 전달한다. 우리들은 왜 이야기를 좋아할까? 이야기의 어떤 요소가 우리를 이야기에 몰입하게 할까?

인지 심리학자 월터 킨치는 우리가 이야기를 좋아하는 이유가 '흥미'를 느끼기 때문이며, 텍스트를 통해 이야기를 읽을 때 우리는 '인지적(cognitive)' 흥미와 '정서적(emotional)' 흥미의 서로 다른 두 가지 종류의 흥미를 갖게 된다고 한다(Kintsch, 1980).

먼저 인지적 흥미는 소설의 구조 또는 형식과 관련된다. 인지 심리학자 장 피아제의 인지 발달 과정 이론에 따르면 우리는 도식(schema－사물이나 상황을 이해하기 위해 필요한 개념으로, 일종의 틀)을 이용해 학습을 하는데, 이 과정에서 동화(assimilation－자신이 갖고 있는 도식에 새로운 지식을 추가)와 조절(accomodation－새로운 지식을 받아들이기 위해 자신이 갖고 있는 도식을 수정 또는 변경)의 인지 과정을 통해 인지가 발달하면서 학습이 이루어진다고 설명한다(Piaget, 1976). 이와 유사하게, 인지적 흥미는 이야기를 들으면서 도식을 구축하고 이를 기반으로 이야기를 이해하려고 할 때 발생할 수 있다. 앞으로 일어날 일(또는 과거에 일어났던 일)에 대해 궁금해하고 긴장감을 느끼거나, 자신의 예측과 다르게 이야기가 전개되는 경우—즉, 정립한 자신의 도식으로 설명이 안 될 경우— 실망하거나 놀람의 감정과 함께 '왜' 또는 '어떻게' 그런 결과와 상황이 발생했는지 궁금해한다.

인지적 흥미의 예시로서 크리스토퍼 놀런 감독의 두 영화 〈메멘토〉(2000)와 〈테넷〉(2020)을 생각해 보자. 먼저, 이야기 전개가 역시간순으로 진행되는 〈메멘토〉를 보는 동안 관객은 계속해서 자신의 머릿속에서 이야기를 (시간순으로) 재구성해야 이야기를 따라갈 수 있다. 마치 실시간으로 퍼즐을 맞추는 것과 같은 이야기가 너무 어렵고 복잡하게 느껴져서 오히려 흥미를 잃을 수도 있지만, 이러한 인지 과정을 즐기는 관객이라면 매우 흥미롭게 영화를 관람할 수 있다. 〈테넷〉의 경우, 시간을 되돌릴 수 있는 장치와 관련하여 이야기가 실제로 진행된 과거, 현재, 그리고 미래 사건들의 순서와 관객에게 서사가 보이는 순서가 섞여 있어서 관객 입장에서는 이야기 이해를 위해 많은 인지 부담과 노력이 필요하다. 영화 평점 사이트인 로튼 토마토(Rotten Tomatoes)에서 영화 〈메멘토〉와 〈테넷〉의 신선도가 각각 약 94%와 70%로 큰 차이가 나는 것도(물론, '이해하기 어려운 이야기' 이외에 다양한 이유가 있겠지만), 〈테넷〉의 경우 지나친 이야기의 복잡성으로 인해 관객 대부분이 인지적 흥미를 잃었기 때문이라고도 볼 수 있다.

인지적 흥미가 이야기 구성이나 플롯과 관련해서 독자의 인지적 '이해'와 관련된 흥미라면, 정서적 흥미는 '인물' 또는 '사건' 자체가 주는 정서와 관련이 있다. 예를 들어, 빵을 훔친 대가로 19년간 감옥살이를 한 〈레 미제라블〉의 주인공 장 발장이나 사랑하는 아내가 남긴 유일한 개를 죽인 갱단에게 복수하는 전직 킬러 〈존 윅〉(2014)의 주인공들을 생각해 보면, 인지적 흥미보다는 '연민(sympathy)'이나 '공감(empathy)'과 같은 정서적 흥미를 유발한다고 할 수 있다.

인지적 흥미와 정서적 흥미는 서로 배타적 관계는 아니다. 오히려 적절한 균형을 맞추며 서로 협력 관계에 있을 때 더 흥미가 상승할 수 있다(Bae et al., 2021).

게임에서의 감정 vs 서사에서의 감정

킨치가 이야기한 것처럼 우리가 이야기를 좋아하는 이유가 '흥미' 때문이라면, 게임을 플레이하는 이유는 '재미(fun)' 때문이라고 할 수 있다. 이야기의 '흥미'와 게임의 '재미'를 연결하는 고리가 '감정'이라고 할 수 있는데, 일반적으로 게임 디자이너 관점에서의 '게임 플레이어 감정'과 인지 심리학자 관점에서 본 '서사 독자 감정'에는 차이가 있다.

게임 디자이너이며 XEO디자인의 대표인 니콜 라차로는 게임 플레이어에게 흥미를 유발하는 요인으로 4가지 유형의 재미-어려운 재미(hard fun), 쉬운 재미(easy fun), 사람과의 재미(people fun), 심각한 재미(serious fun)-를 분류한다(Lazzaro, 2004).

'어려운 재미'는 '성취감'과 관련되며, 스킬과 아이템, 그리고 플레이 경험을 통해 난이도 높은 게임의 목표를 달성하면서 느낄 수 있다. 예를 들면, 한 번 죽으면 처음부터 다시 플레이해야 하는 고난이도의 로그라이크 장르 게임에서 마지막 레벨을 통과했을 때 느끼는 기쁨과 스스로에 대한 자랑스러움-이탈리아어의 '피에로(fiero)'에 해당-이 '어려운' 재미를 통해 느낄 수 있는 대표적 감정이다.

'쉬운 재미'와 관련된 주요 감정은 '호기심'으로, 게임 세계를 탐험하면서 플레이어가 이것저것 클릭하고 탐험하면서 시각적 또는 청각적 자극을 통해 느끼는 재미를 의미한다.

'사람들과의 재미'는 함께 플레이하며 느끼는 감정과 관련된다. 멀티플레이어 게임에서 협업 또는 경쟁을 통해 목표를 달성하며 느끼는 감정, 슈팅 게임에서 상대 플레이어를 응징하면서 느끼는 쾌감, 또는 상대 플레이어의 실수에 즐거워하는 '샤덴프로이데(schadenfreude)' 등의 감정이 관련되며, 직접 게임을 하지 않아도 옆에서 게임 플레이를 관람하면서 공감하고 상대방의 감정에 이입하면서 발생하는 재미 또한 포함한다.

마지막으로 '심각한 재미'는 플레이어의 감정이 지나치게 우울하거나 반대로 지나치게 들떠 있을 때, 긴장감을 높여 주거나 완화해 주는 역할의 재미다. 관련 감정 상태로는 '흥분(excitement)' 또는 '차분함(calmness)' 등이 있다.

게임에서 '재미'와 관련된 감정들이 있는 것처럼 서사에서도 '흥미'와 관련된 감정들이 있다. 킨치의 '인지적 흥미'와 '정서적 흥미'와 유사한 맥락에서 소설가이며 토론토 대학의 인지 심리학과 명예 교수인 키스 오틀리는 소설과 같은 문학 작품을 읽으면서 독자가 느끼는 감정을 '외적(external)' 감정과 '내적(internal)' 감정으로 구분한다(Oatley, 1995).

외적 감정은 서사의 구조와 밀접한 관련이 있으며, 호기심(curiosity), 서스펜스(suspense), 놀람(surprise)의 세 가지 감정이 있다. 앞에서 언급한 피아제의 도식을 이용해서 설명하면, 호기심은 독자가 도식을 구성하면서 부족하거나 빠진 부분에 대해 궁금해하고 채우고 싶어 하는 감정에서 일어난다. 서스펜스의 기본 정의는 '스토리 전개에 대한 불확실성'(Abbott, 2008)으로, 독자의 도식에 따라 (자신이 좋아하는) 캐릭터에게 좋지 않은 일이 곧 일어날 것 같은 '불확실한 불안감'에서 발생한다(Prince, 2003).

호기심과 서스펜스가 피아제가 이야기한 '동화'의 인지 과정과 관련된다면, 놀람은 '조절'의 인지 과정과 관련된다. 즉, 독자가 자신의 도식에 따라 이야기를 이해하던 중, 예상치 못한 뜻밖의 사건 또는 결과를 마주치게 되었을 때 자신의 도식을 이에 맞게 조절하는 인지 과정으로 설명할 수 있다. 이때, 작가(또는 연출가)는 독자(또는 관객)가 자신의 도식을 기꺼이 수정하고 변경해서 수용할 수 있도록 '놀람'의 원인이 되는 이유를 충분히 설득력 있게 설명해야 한다. 이는 많은 관객들이 반전이 있는 소설이나 영화를 좋아하지만, 반전에 대한 설득력이 부족할 때 (즉, 억지로 관객을 설득하려고 할 때) 반전이 있는 스토리가 좋은 평가를 받지 못하는 이유다. 호기심과 서스펜스, 그리고 놀람의 세 가지 외적 감정은 모두 독자의 '인지' 과정과 지적 능력에 기반하여 흥미를 유발하는 인지적 흥미와 관련된다.

외적 감정이 스토리 구조로 인해 발생하며 독자가 스토리 바깥에서 느끼는 감정이라면, 내적 감정은 독자가 스토리 세계 안으로 들어가 등장인물의 감정과 정서적으로 연결되면서 발생하는 감정이다. 오틀리는 내적 감정으로서 다음과 같이 세 가지 종류의 세부 감정을 구분한다. 먼저, 등장인물이 처한 상황에 대한 정서적 연결로서 '연민'의 감정, 다음으로 "바로 내 이야기야!"라고 말하면서 등장인물과 자신을 동일하게 여기는 '동일시(identification)' 감정, 그리고 마지막으로 등장인물이 처한 상황을 보며 자신이 과거에 처했던 유사한 상황과 그 당시 느꼈던 감정을 떠올리는 '감정 기억(emotion memories)'이 있다.

독자가 스토리 세계 안으로 들어가면서 등장인물과 정서적으로 깊게 연결되는 내적 감정은 '정서적 흥미'와,

그리고 스토리 세계 바깥에서 독자 입장에서 스토리 세계를 관찰하며 느끼는 외적 감정은 '인지적 흥미'와 연결된다고 할 수 있다. 이러한 외적 감정과 내적 감정은 서로 배타적 관계라기보다는, 두 감정이 적절하게 상호 작용을 할 때 보다 흥미로운 이야기를 만들 수 있다.

인공지능과 서사 감정

서사에서의 감정은 크게 독자의 감정과 등장인물의 감정으로 나누어 생각할 수 있다. 물론 이야기 또는 독자에 따라 등장인물과 자신을 동일시할 수도 있겠지만, 독자의 감정과 등장인물의 감정이 서로 같지 않다는 가정 아래 서사 감정을 분석하는 것이 바람직하다. 또한 독자의 감정 분석 시, 앞에서 소개한 외적 감정(호기심, 서스펜스, 놀람)과 내적 감정(연민, 동일시, 감정 기억)으로 나누어서 고려하면 편리하다.

서사를 시간순 사건 서술 형태의 '스토리'와 여러 가지 서사 장치를 활용하여 독자에게 효과적으로 보여 주는 '담화'로 나눈다고 할 때, 호기심은 스토리의 주요 정보 일부를 빼고 담화에서 보여 주면서 독자로 하여금 의도적으로 알게 하는 구조다(Brewer & Lichtenstein, 1982; Hoeken & van Vliet, 2000). 예를 들면, 영화 첫 장면에서 얼굴을 가린 살인자에 의한 살인 장면을 보여 줌으로써 관객을 궁금하게 할 수 있다. 컴퓨터를 이용한 서사 생성에서 이와 같이 호기심을 불러일으킬 수 있는 간단한 방법은 중요한 결과를 먼저 보여 주고 그 이유가 되는 사건을 '플래시백' 형태로 나중에 보여 주는 방법이다. 물론, 단순한 순서 변경만으로 흥미 있는 호기심을 끌기에 충분하지는 않으며, 강화 학습(Reinforcement Learning) 등의 기계 학습 방법을 활용할 수 있다(Han et al., 2022).

서스펜스는 다양한 장르(예: 스릴러, 미스터리, 액션 어드벤처, 호러 등)의 소설이나 영화에서 매우 중요한 서사 감정으로, 독자에게 앞으로 일어날 일에 대한 '불확실한 불안감'을 일으키는 것이 핵심이다. 인공지능 플래닝을 이용해 주인공의 목표 달성을 위협하는 사건을 발생시키거나(Cheong & Young, 2015), 감성 분석(sentiment analysis)을 이용하여 독자의 서스펜스 감정을 예측하는 방법(Delatorre et al., 2021), 그리고 최신 연구 중 플래닝과 언어 모델을 함께 이용한 방법(Xie & Riedl, 2024) 등이 있다.

서사에서 놀람은 일어날 것으로 예상한 사건의 반대 혹은 뜻밖의 사건이 일어나는 것으로, 반전 결말(twist ending)과 관련된다. 플래닝 기술을 기반으로 플래시백과 복선과 같은 서사 장치를 활용하는 방법(Bae & Young, 2014), 일어날 사건에 대한 독자의 믿음(belief)을 베이지안 추론을 이용하여 '확률적으로' 계산하는 방법(Chieppe et al., 2022) 등이 소개되었다.

호기심, 서스펜스, 놀람과 같은 외적 감정과 비교해서 연민이나 공감과 같은 내적 감정은 어떨까? 예를 들어 인공지능을 이용해 '연민'과 '공감'이 가는 스토리를 만드는 것이 (쉽게) 가능할까? 결론부터 말하면, 외적 감정 이상으로 어렵다. 텍스트 서사에서 감정을 추출하는 감정 분석 기술은 기본 감정의 경우 정확도가 높은 편이지만(Park et al., 2020), 다양하고 복잡한 서사 감정의 인지는 매우 어렵다(사실, 보통 사람들에게도 어려운 일이다). 기술적 측면에서 특정 감정을 불러일으키는 장면 생성은 가능하지만, 아직까지는 전체 서사에서 창의성과 신선함 등이 부족한 경우가 많다. 인공지능이 사람의 감정을 조정할 수 있는 서사까지 생성할 수 있다면 정치적 또는 상업적 목적으로도 사용할 수 있을 것 같아 왠지 섬뜩하다.

참고문헌

Abbott, H. P.(2008). *The Cambridge introduction to narrative.*

2nd ed. Cambridge University Press. 우찬제 외 옮김(2010). 『서사학 강의』. 문학과 지성사.

Bae, B. C. & Young, R. M.(2014). A computational model of narrative generation for surprise arousal, *IEEE transactions on computational intelligence and AI in games*, 6(2), pp.131–143.

Bae, B. C., et al.(2021). A preliminary survey on story interestingness: Focusing on cognitive and emotional interest. *Interactive Storytelling: 14th International Conference on Interactive Digital Storytelling* (ICIDS '21), pp. 447–453

Brewer, W. F. & Lichtenstein, E. H.(1982). Stories are to entertain: A structural–affect theory of stories, *Journal of pragmatics*, 6(5–6), pp.473–486.

Cheong, Y. G. & Young, R. M.(2015). Suspenser: A story generation system for suspense, *IEEE transactions on computational intelligence and AI in games*, 7(1), pp.39–52.

Chieppe, P., et al.(2022). Bayesian modelling of the well–made surprise. *Proceedings of international conference on computational creativity(ICCC '22)*, pp.126–135.

Delatorre, P., et al.(2021). Improving the fitness function of an evolutionary suspense generator through sentiment analysis, *Access*, 9, pp.39626–39635.

Han, R, et al.(2022). Go back in time: Generating flashbacks in stories with event temporal prompts, *Proceedings of the conference of the north american chapter of the association for computational linguistics: Human language technologies(NAACL–HLT '22)*, pp.1450–1470.

Hoeken, H. & van Vliet, M.(2000). Suspense, curiosity, and surprise: How discourse structure influences the affective and cognitive processing of a story, *Poetics*, 27(4), pp.277–286.

Kintsch, W.(1980). Learning from text, levels of comprehension, or: Why anyone would read a story anyway, *Poetics*, 9(1–3), pp.87–98.

Lazzaro, N.(2004). Why we play games: Four keys to more emotion without story. *Game developer's conference.*

Oatley, K.(1995). A taxonomy of the emotions of literary response and a theory of identification in fictional narrative, *Poetics*, 23(1 – 2), pp.53–74.

Park, S. H., et al.(2020). Emotion recognition from text stories using an emotion embedding model. *International conference on big data and smart computing (BigComp '20)*, pp.579–583.

Piaget, J.(1976). Piaget's theory. in: Inhelder, B., et al.(eds), *Piaget and his School. Springer study Edition.* Springer, Berlin, Heidelberg.

Prince, G.(2003). *Dictionary of narratology*, University of Nebraska Press.

Xie, K. & Riedl, M.(2024). Creating suspenseful stories: Iterative planning with large language models. *Proceedings of the 18th conference of the european chapter of the association for computational linguistics*, pp.2391–2407.

09
흥미로운 서사 생성

흥미로운 서사가 반드시 좋은 서사라고 할 수는 없지만, 흥미는 독자가 이야기를 끝까지 읽을 수 있게 하는 원동력 역할을 한다. 흥미를 정량화하는 방법에 대해 논의하고, 인공지능을 이용한 흥미로운 서사 생성 관련 연구를 예시를 통해 설명한다.

AI와 화장품?

서사 평가 요소 - 흥미 또는 작품성

공학에서 알고리즘은 주어진 입력에 대해 원하는 출력이 나오는 방법을 순차적으로 기술한 것을 의미한다. 보다 정확한 정의로는 컴퓨터에 의해 프로그래밍할 수 있는 방법이 포함되지만, 핵심은 주어진 입력에 대해 원하는 출력이 나오는 것이며 흔히 조리법(recipe)에 비유한다. 예를 들어, 라면을 끓이기 위해서는 1) 냄비에 물을 끓인다, 2) 물이 끓기 시작하면, 라면 봉지를 뜯어서 면과 수프를 넣는다, 3) 3~4분 후 그릇에 옮긴다. 이 과정을 따라 하면 누구나 라면을 끓일 수 있다. 이 보편적 레시피가 오픈 소스 개념의 알고리즘이라면(즉, 레시피가 일반에게 무료로 공개되어 누구나 자유롭게 수정하고 재배포해도 괜찮다면), 수프를 물이 끓기 전에 먼저 넣는 방법이나 중간에 계란을 넣는 방법 등 취향에 따라 레시피를 수정 · 보완한 알고리즘을 다른 사람들에게 공개할 수 있다. 공학은 이와 같이 '재생산(reproduction)'을 기본으로 '상업성' 또는 '대중성'의 개념을 자연스럽게 내포한다.

대중성이 자연스럽게 포함된 일반적 공학의 개념과는 달리, 서사를 포함한 모든 종류의 예술은 '예술적 가치'와 '대중적 가치'를 구별하는 듯하다. 많은 사람들이 좋아하는 음악이나 그림, 소설 또는 시라고 해서 음악적, 예술적, 서사적, 또는 미학적 가치가 높다고 하기 어렵고, 그 반대도 마찬가지다. 이에 대한 이유는 여러 가지가 있을 수 있겠지만, 하나의 이유는 예술에는 (객관적으로 표현할 수 있는) '정답'이 없기 때문이다. 따라서 예술 분야는 정답에 가깝다고 할 기준도 없을 뿐 아니라, '완성도'가 뛰어나다고 해서 이를 많은 사람들이 좋아한다고 할 수 없다.

다시 알고리즘으로 돌아가서, 해당 알고리즘이 좋은 알고리즘인가 아니면 나쁜 (즉, 좋지 않은) 알고리즘인가 구분하는 방법은 명확하다. 우선, 원하는 결과가 나와야 한다. 이 말은 즉, 정답이 존재한다는 의미다. 원하는 결과가 명확하게 존재하고, 결과 또는 출력이 그 정답과 허용 범위 내에서 일치할 경우, 이 알고리즘은 채택되고 그렇지 않으면 채택되지 않는다. 채택된 알고리즘들 중에서 다시 '성능 평가'를 통해 알고리즘의 좋고 나쁨을 구별한다. 성능 평가의 핵심은 '효율성(efficiency)'이며, 크게 두 가지로 정의한다. 첫째는 시간의 효율성이다. 즉, 같은 정답을 낼 경우 적은 시간으로 처리가 가능하면 좋은 알고리즘이다. 수학적 정의는 충분히 큰 크기의 입력 개수 n의 증가와 비례해서 걸리는 소요 시간을 상대적으로 비교한 개념이며, 이를 시간 복잡도(time complexity)라고 부른다. 두 번째는 공간 (즉, 컴퓨터 메모리) 효율성이다. 같은 정답을 낸다면, 컴퓨터 입장에서 적은 메모리를 사용하면서 정답을 낼 수 있는 알고리즘이 더 좋은 알고리즘이 된다. 사람의 경우로 비유하면, 머리를 적게 쓰고도 (즉, 인지 부하를 적게 하고) 정답을 제출하는 것과 같다. 시간 복잡도와 유사한 개념을 적용하여 공간 복잡도(space complexity)라고 부른다. 애플리케이션에 따라 시간 복잡도 또는 공간 복잡도 중에서 (또는 둘 다 이용해서) 성능이 좋은 알고리즘을 선택하면 된다.

공학의 성능 평가 방법이 정량화되어 있는 반면, 서사를 포함한 예술 분야는 그렇지 않다. 이는 객관적으로 정량화할 수 있는 요소가 명확하지 않기도 하지만, 예술 작품은 '효율'과는 무관하기 때문이다. 서사를 예로 들면, 빨리 읽을 수 있거나 또는 쉽게 (즉, 적은 인지 부담으로) 읽을 수 있는 소설이 좋은 소설이라고 할 수 없다. 그렇다면, 결과론적으로 대중에게 많이 팔리는 베스트셀러 소설을 좋은 소설이라고 할 수 있을까? 정답이 없는 소설이나 영화에서 '좋은' 서사의 평가 기준을 어떻게 정할 수 있을까?

흥미의 정량화

'좋은' 서사에 대한 정답이 없기 때문에 컴퓨터나 인공지능을 이용해 자동으로 좋은 서사인지 아닌지 평가하는 기준은 명확하지 않으며 정량화하기 어렵다. 예를 들어 셰익스피어의 작품이나 2024년 노벨 문학상을 수상한 한강 작가의 소설이 좋은 서사라고 하자. 셰익스피어나 한강 작가의 소설과 유사도를 비교하여 이와 유사하다면 좋은 서사라고 할 수 있을까? 전혀 그렇지 않다. 좋은 서사에 대한 평가가 어렵다면, 어떤 평가 요소가 있을까?

앞 장에서 이야기했듯이, 우리가 이야기를 좋아하는 가장 큰 이유 중 하나는 이야기의 인지적 혹은 정서적 '흥미' 요소가 계속해서 이야기를 읽게 만들기 때문이다(Kintsch, 1980). 그렇다면, 이야기의 '흥미롭다'라는 개념을 정량화해서 서사 작품에 대해 0점부터 100점 사이의 점수로 환산할 수 있으면 어떨까? 평가 시스템의 입력은 텍스트나 이미지 또는 영상으로 구현된 서사고, 출력은 입력 서사의 흥미도 점수로서 0에서 100 사이의 값을 정의할 수 있다. 이러한 '서사 평가를 위한 계산 모델' 시스템은 크게 다음과 같이 두 가지로 생각할 수 있다.

첫째는 '흥미'를 유발하는 요소들을 정의하고, 각 요소의 흥미에 대한 기여도를 계산한 후, 경험적으로 (즉, 관찰이나 실험 등을 통해) 공식을 만들어 최종 점수를 계산하는 방법이다. 예를 들어 흥미로운 스토리 100개를 크라우드소싱-불특정 다수를 통해 데이터 또는 문제 해결 방법을 찾는 것-을 이용해 수집했다고 가정하자. 작가나 비평가와 같은 서사 전문가의 도움을 받아 각 이야기에서 흥미를 유발하는 요소(예: 호감 가는 주인공, 매력적인 악당, 발단-전개-위기-절정-결말의 5단계 플롯 구조, 예측하지 못한 반전 등)를 정의하고, 각 요소가 흥미에 얼마나 영향을 미치는가를 결정한 후 이를 주석으로 추가하며 데이터셋을 보완한다. 주석 작업 시 각 이야기의 흥미도를 1~5 사이의 5단계로 나눈다고 하자(이는 크라우드소싱으로 스토리를 수집할 때 함께 수집할 수도 있다). 여기까지 하면 데이터 레이블링 (즉, 흥미 관련 주석) 작업을 마친 스토리 100개로 구성된 데이터셋이 구축된다. 주석 작업된 데이터셋을 기반으로 다시 서사 전문가들이 모여서 흥미 요소를 판별할 수 있는 기준과 각 흥미도 요소가 전체 흥미도에 미치는 기여도를 결정한다. 예를 들어 흥미에 영향을 미치는 요소 3개(A, B, C)가 최종적으로 결정되었고, 각 요소가 전체 흥미도에 기여하는 비율은 각각 50%, 30%, 20%라고 가정하자

(즉, 요소 A가 흥미에 가장 큰 영향을 미치고, 요소 C가 가장 적은 영향을 미친다). 전체 흥미도를 I라고 했을 때, I = 0.5A + 0.3B + 0.2C라는 공식을 '경험적으로' 유도할 수 있다. 이제 입력 스토리에 대해 정해진 규칙에 따라 세 가지 흥미 요소(A, B, C)를 판별하면 전체 흥미도를 계산(즉, 예측)할 수 있다. 이 방법은 규칙 기반으로 시스템을 구축하는 인공지능의 고전적 방법이다.

전문가의 도움을 받아 흥미도 요소를 판별하고, 유도된 공식을 통해 전체 흥미도를 계산함으로써 입력으로 주어진 이야기가 '얼마나 흥미로울지'를 계산할 수 있다. 이를 바탕으로 대중에게 '얼마나 인기가 있을지' 또는 '얼마나 흥행에 성공할지'를 추가로 예측할 수 있고, 이는 영화나 비디오 게임과 같은 엔터테인먼트 산업에서 상업적 시스템으로 충분히 활용 가능하다. 단, 여기서 두 가지 문제점이 존재한다. 첫째는 사람 전문가를 활용하는 데 따르는 시간과 비용의 문제이고, 둘째는 전문가의 판단에 대한 객관적 정확도와 신뢰성이다. 이 부분에서 사람 전문가 대신 인공지능 알고리즘을 이용할 수 있을까?

서사 평가를 위한 계산 모델의 첫 번째 모델을 전문가 도움을 받아 흥미도 요소를 선별하여 구축한 '규칙 기반'

시스템이라고 할 때, 두 번째 모델은 사람 전문가 부분을 기계 학습이나 딥 러닝 알고리즘을 이용하여 대체한 모델이다. 기계 학습의 신경망은 주어진 입력 데이터로부터 다양한 패턴(즉, 특징)을 찾아 특정 패턴과 출력을 서로 매핑하는 일종의 함수를 자동으로 구축하는 모델로 생각할 수 있다. 딥 러닝은 기계 학습의 일종으로, 기본이 되는 신경망의 계층과 파라미터(매개 변수) 개수를 늘려서 패턴의 세부적 특징을 보다 정확하게 포착할 수 있는 알고리즘이다. 이 방법을 이용했을 때 규칙 기반의 모델보다 일반적으로 정확도는 증가하지만 여전히 두 가지 이슈가 남아 있다.

기계 학습을 이용한 방법의 첫 번째 이슈는 학습 모델의 훈련을 위해 많은 양의 고품질 데이터셋이 필요하거나 문제 해결을 위해 사람과 기계의 지능을 함께 이용한다는 점이다(Mosqueira-Rey et al., 2023). 이를 위해 비지도 학습 알고리즘처럼 데이터셋 없이 학습 모델을 구축하거나 사람 전문가의 개입을 최소화하는 알고리즘 개발이 필요하다.

두 번째 이슈는 학습 알고리즘이 복잡해질수록 '블랙박스'적 특징이 나타나 결과에 대한 과정을 사람이 해석하기 어렵다는 점이다. 이를 해소하기 위해서는 해석 가능한 인공지능(Explainable AI, XAI)에 대한 연구가 지속적으로 필요하다. 이러한 XAI를 기반으로 한 서사 생성 연구도 꾸준히 이루어지고 있다(Linardatos et al., 2021; Martens et al., 2023).

흥미로운 서사 생성

최초의 서사 생성 시스템으로 알려진 테일-스핀(Meehan, 1977) 이후 약 반세기 동안 흥미로운 서사를 만들려는 시도가 꾸준히 진행되어 왔다. 특히 2020년 오픈AI(OpenAI)의 GPT(Generative Pretrained Tranformer)-3 출시와 함께 언어 모델을 이용한 스토리텔링 시스템들, 그리고 저작 도구들이 다양하게 개발되고 있다. 최신 언어 모델을 이용하면 주어진 프롬프트에 따라 짧은 이야기를 매우 손쉽게 만들 수 있는데, 그러면 더 이상 연구가 필요 없을까? 그렇지 않다. 현재의 사전 학습된 언어 모델들은 현존하는 데이터를 기반으로 구축되었기 때문에 이를 바탕으로 창의성 있는 '새로운' 이야기를 만드는 것은 어렵다. 초단편 반전 소설로 유명한 김동식 작가는 "세상에서 가장 재미없는 이야기는 이미 알고 있는 이야기"라고 말한다. 따라서 현재의 언어 모델이 만드는 이야기는 기본적으로 우리가 이미 알고 있는 이야기의 변형일 확률이 높다. 챗GPT의 프롬프트로 단순히 "창의성 있고 새로운, 흥미로운 이야기를 만들어 줘"라고 해도 좋은 결과를 얻기 어려운 이유다.

아직까지는 생성형 언어 모델들이 인간 수준의 서사를 생성하지 못하고 있지만(Tian et al., 2024), 흥미로운 서사 생성 시스템 개발을 위해 최신 언어 모델들을 활용하는 것은 나쁘지 않은 방법이다. 또한, 이 장의 첫 부분에서 논의했던 것처럼 '흥미로운' 이야기와 '좋은' 이야기의 균형을 맞출 필요가 있다.

'흥미로운' 이야기를 만들기 위해 킨치가 제시한 '인지적 흥미'와 '정서적 흥미'를 고려한 시스템을 생각해 보자. 예를 들면, 독자의 호기심을 계속해서 유발하기 위해 독자의 관심을 끄는 훅(hook)과 복선 등의 서사 장치를 사용할 수 있다. 서스펜스와 반전을 위한 놀람 유도를 위해 독자가 무엇을 예측할지를 미리 예상하고 그에 맞추어 적절한 사건을 발생시키거나 플래시백 등을 활용하여 시간 순서를 변경할 수 있다. 멀티미디어 매체라면 배경 음악을 적절하게 생성하여 복선 또는 서스펜스를 유도할 수도 있다(Scirea et al., 2014). 또한, 시나리오 작가 블레이크 스나이더가 제시한 '고양이 구하기(Save the cat)'라는 서사 장치를 이용해 이야기 초반에 주인공이 고양이(또는 다른 힘없고 약한 존재)를 도와주는 장면을 삽입하여 주인공에게 친근감을 느끼고 이야기 전체의 구조를 탄탄하게 할 수 있다(Snyder, 2005). 유사한 방법으로, 주인공을 포함한 주요 등장인물들(조력자, 악역 등)에 대한 호감도를 상승시켜 '정서적 흥미'를 높일 수 있다.

'흥미로운' 이야기 외에 '좋은' 이야기는 어떻게 만들 수 있을까? 반복해서 이야기하지만, 인공지능을 기반으로 한 시스템은 크게 둘 중 하나다―규칙 기반 또는 데이터 중심의 학습 기반. 서사학자들이 이야기하는 '좋은' 이야기를 위한 플롯 구조(예: 갈등과 클라이맥스를 포함하는 드라마 구조)와 캐릭터가 갖추어야 할 특성(예: 선량함, 도덕성) 등을 규칙으로 만들거나 '좋은' 이야기들로 구성된 데이터셋을 구축하여 이를 언어 모델에 추가 학습시켜 좋은 스토리를 생성하도록 할 수 있다. 아직까지는 완벽하게 '흥미로우면서 서사적 완성도가 높은' 좋은 이야기를 자동으로 만드는 방법은 없으며, 인간과 인공지능의 협업이 필요하다.

참고문헌

Kintsch, W.(1980). Learning from text, levels of comprehension, or: Why anyone would read a story anyway, *Poetics*, 9(1-3), pp.87-98.

Linardatos, P., et al.(2021). Explainable AI: A review of machine learning interpretability methods. *Entropy*, 23(1), p.18.

Martens, D., et al.(2023). Tell me a story! Narrative-driven XAI with large language models. *arXiv preprint arXiv:2309.17057.*

Meehan, J. R.(1977). TALE-SPIN, An interactive program that writes stories. *Proceedings of the international joint conference on artificial intelligence(IJCAI '77)*, pp.91-98.

Mosqueira-Rey, E., et al.(2023). Human-in-the-loop machine learning: a state of the art. *Artificial intelligence review*, 56(4), pp.3005-3054.

Scirea, M. et al.(2014). Evaluating musical foreshadowing of videogame narrative experiences. *Proceedings of the 9th audio mostly: A conference on interaction with sound*, pp.1-7.

Snyder, B.(2005). *Save the cat!: The last book on screenwriting you'll ever need.* Michael Wiese Productions. 이태선 옮김(2014). 『Save the Cat! : 흥행하는 영화 시나리오의 8가지 법칙』. 비즈앤비즈.

Tian, Y., et al.(2024). Are large language models capable of generating human-level narratives?. *arXiv preprint arXiv:2407.13248.*

10
인공지능과 함께 창의적 글쓰기

생성형 인공지능을 이용한 창의적 글쓰기는 효율 측면에서 뛰어난 장점을 갖지만, 언어 모델 사용 시 발생하는 다양한 문제점들도 간과할 수 없다. 인공지능을 이용한 협업 글쓰기 도구들의 사례와 함께 문제점과 시사점을 논의한다.

종교와 AI?

생성형 인공지능과 창의적 글쓰기

생성형 인공지능의 시대다. 트랜스포머 학습 모델(Vaswani et al., 2017)을 기반으로 한 대규모 언어 모델(Large Language Model, LLM)들을 이용하면 주어진 텍스트(또는 프롬프트)에 따라 출력으로 텍스트, 이미지, 동영상 등을 손쉽게 생성할 수 있다. 프롬프트 사용법에 조금만 익숙해지면 전문 지식이 없어도 누구나 가능하다. 생성형 인공지능을 이용한 이런 출력물들은 언어 모델이 기존에 학습한 데이터를 단순히 '복제'한 것에 불과할까, 아니면 언어 모델도 사람처럼 창의적 결과를 생성할 수 있을까? 기본적으로 '확률적 앵무새'(Bender et al., 2021)인—즉, 단순히 확률적으로 한 글자 한 글자 내뱉는— 언어 모델이 쓴 글을 인간의 기준에서 판단하고 '창의적'이라고 말할 수 있을까?

'창의적 글쓰기(creative writing)'는 좁은 의미로는 대학에서 "교양 교육 과정에서 창의적 문해력 구비를 목적으로 하는 기초 학문"의 의미로 사용될 수 있고, 넓은 의미로는 "창의적인 독창적 문학 작품이나 작문을 창안"하는 것을 말한다(김민희, 2020). 이 장에서는 후자의 의미에 초점을 두고, 특히 대규모 언어 모델을 이용한 서사 창작에 대한 가능성을 논의한다.

기본적인 커뮤니케이션으로서 모든 글(또는 말)은 '내용(content)'과 '표현(representation)'으로 나눌 수 있다. 화자는 자신이 말하고 싶은 '내용'을 상대방(즉, 청자)에게 적절한 '표현'을 통해 효과적으로 메시지를 전달할 수 있다. 예를 들어, 같은 내용이라도 개인 블로그 에세이에 적는 것과 학술 대회 논문으로 적는 것은 어휘나 표현, 설명 등의 전달 방식을 다르게 적어야 한다. 학술 대회 논문은 '논리적 글쓰기'이며, 기본적인 구조와 형식이 정해져 있다. 서론에서는 무엇을 써야 하는지, 본문에서 실험 설계와 진행 방법, 결과에 대해 어떤 식으로 기술해야 하는지, 그리고 마지막 결론에서 적어야 할 것 등이 암묵적으로 정해져 있다. 논문을 처음 쓰는 석사 대학원생이 "어떻게 써야 하는지 전혀 모르겠어요"라고 말할 때면 글쓰기가 잘 된 자연어 처리나 인공지능 분야의 관련 논문들을 주면서 읽고 논문의 '형식'과 '표현'을 배워 참고해서 적으라고 말한다. 논문 쓰기는 '형식'과 '표현' 방식이 자연스럽게 몸에 익고, 무엇에 대해 말할지에 대한 '내용'이 구체적으로 정해져 있는 경우라면 '창의적 글쓰기'에 비해 상대적으로 쉽다(물론 동의하지 않는 대학원생들이 더 많겠지만).

논문과 같은 논리적 글쓰기에 비해 '표현'이 상대적으

로 자유로운 창의적 글쓰기를 좀 더 쉽게 하려면 어떻게 하면 될까? 한 가지 방법은 논리적 글쓰기의 경우처럼 무엇에 대해 말할지 '내용'을 어느 정도 정하고, 이에 맞는 적절한 '표현'을 사용하는 것이다(물론, 이에 대해 반론을 표하는 '작가'들도 많겠지만–대표적 예로 미국의 베스트셀러 작가 스티븐 킹이 있다). 예를 들어 짧은 단편 소설을 하나 쓴다고 가정했을 때, 채트먼의 이원화(Chatman, 1980) 이론에 따라 '스토리'와 '담화'로 나누어 생각해 보자. 먼저 스토리에 해당하는 '캐릭터'와 '배경', 그리고 '사건'을 구상한다. 캐릭터의 목표와 욕망, 결핍, 외모 등을 캐릭터화하고, 시간과 공간적 배경, 그리고 캐릭터들 간의 갈등과 화해 등의 스토리 '내용' 요소를 어느 정도 정한다. 다음으로 주인공과 서술자의 시점(Point of View, POV), 플래시백과 복선 등의 서사 장치를 결정하고 이를 바탕으로 플롯(즉, 인과 결과를 고려한 사건의 재현)을 결정한다. 이와 같이 기본적 스토리라인을 먼저 구상하고, 이를 바탕으로 서사 담화를 작성하는 방법은 AI 기반 자동 서사 생성에서 유용하게 사용할 수 있다(Yao et al., 2019).

인공지능과 사람의 협업을 통한 글쓰기

스토리 요소를 정하고 이를 바탕으로 다양한 서사 장치들을 활용해 서사 담화를 작성한다는 것은 말이 쉽지 실제로는 매우 어렵다. 수많은 뛰어난 작가들도 '집필자 장애(writer's block)'를 겪으며 고생을 하는데, 전문 작가가 아닌 경우는 마음만 앞서고 글은 안 써지는 경우가 태반이다. 이럴 때 인공지능(즉, 언어 모델)의 도움을 받을 수 있지 않을까? 언어 모델의 성능 향상과 함께 소설과 같은 창의적 글쓰기를 위한 협업 도구(co-authoring tools) 관련 연구들이 특히 인간-컴퓨터 상호 작용(Human-Computer Interaction, HCI) 관점에서 증가하는 추세다(Lee et al., 2022; Yuan et al., 2022; Mirowski et al., 2023).

인간과 인공지능이 협업을 통해 이야기를 작성할 때, 가장 먼저 고려해야 할 것 중 하나는 인간과 인공지능 각각의 역할이다. 초기 연구에서는 인공지능이 작성한 글에 대해 사용자의 반응을 조사하였고, 사용자가 예상하지 못한 결과를 인공지능이 생성함으로써 협업의 가능성이 충분히 있음을 보여 주었다(Yang et al., 2022). 또한 사전 학습된 언어 모델들이 전문 작가 수준과 비교해서 아직은 부족한 점이 많기 때문에, 이의 보완을 위해 전문 작가들을 통해 언어 모델의 출력 결과를 개선하고 이를 데이터셋으로 구축하면서 언어 모델이 작가의 생산성을 높여줄 수 있음을 보여 준 연구 사례도 있다(Lee et al., 2022).

자체 언어 모델과 '콜랩(colab)'이라는 편집 도구를 갖고 있는 구글에서는 2022년 '워드크래프트'(Yuan et al., 2022)라는 이름의 스토리 작성 협업 도구 발표를 통해 창의적 글쓰기 협업 도구로서 언어 모델의 가능성과 한계점을 논의하였다. 이 밖에도, 구글 딥마인드에서 희곡 작가들의 협업 도구로서 제목(title)과 한 줄 요약인 '로그라인(logline)' 입력 후 이에 맞춰서 세부 플롯을 생성함으로써 전체적 일관성을 높일 수 있는 '드라마트론(Dramatron)' 시스템을 발표하였다. 15명의 전문 희곡 작가들이 실제로 드라마트론을 사용하면서 '공동으로' 희곡을 작성했고, AI와의 공동 작업을 통해 만들어진 작품들 중 5편을 실제 연극으로 상영하면서, 사용성 테스트를 통해 협업 도구로서의 유용성과 한계점(예: 정형화된 표현이나 표절, 언어 모델 자체의 편향 문제, 시장 경제에 미치는 영향 등)을 포함하는 실험 결과를 공유하였다(Mirowski et al., 2023).

언어 모델 사용 시 문제점 – 표절과 저작권, 환각, 유해 표현과 편향, 그리고 과의존

아직 전문 작가 수준에는 미치지 못하지만, 방대한 배경 지식을 갖고 인간이 예상하기 어려운 뜻밖의 결과를 출력할 수 있는 언어 모델은 창의적 글쓰기 분야에서 매력적인 협업 도구가 될 수 있다. 하지만 창의적 글쓰기 분야에 언어 모델을 사용할 경우 장점과 단점이 공존한다. 몇 가지 대표적 문제점은 다음과 같다.

첫째, 제일 먼저 고려해야 할 문제는 '표절'이다. 인공지능(AI)과 표절(plagiarism)의 두 영어 단어를 합쳐서 AI 표절(AIgiarism)(Hern, 2022; Tang, 2023)이라는 용어가 생길 정도로 이슈가 되는 사항이다. 위키백과나 사전에서 정의한 표절은 "다른 사람의 말이나 생각, 표현, 아이디어를 (출처를 밝히지 않고) 마치 자신의 고유 작품인 것처럼 발표"하는 행위를 말하며, 일종의 절도다. 전체 표현에서 단어만 바꾸어 글을 작성하거나 내용을 다른 여러 곳에서 가져와 '짜깁기'를 해서 본인만의 독창적 내용이 없을 경우도 표절에 해당한다. 즉, 표절은 '독창성'과 정반대 위치에 있는 개념이다. 현재의 언어 모델 스스로는 자신의 출력 결과가 표절인지 아닌지를 판별하기 어렵다. 이는 오롯이 언어 모델을 사용하는 사용자의 몫이다. 따라서 겉으로 드러나지 않은 표절이라면 사용자의 의도와 무관하게 표절로 판별될 수 있다. 표절 탐지기를 사용하면 명백한 표절은 판별할 수 있겠지만, 애매한 경우가 많아 실제 판별은 어렵다. 이러한 이유 때문에 특히 교육 분야에서 인공지능의 '활용'과 '표절'이라는 상반된 측면에서 언어 모델의 올바른 사용에 대한 논의가 지속적으로 이루어지고 있다(노대원 · 홍미선, 2023).

표절과 함께 두 번째로 고려해야 할 사항은 '저작권(copyright)' 문제다. 언어 모델과 공동으로 표절 없이 서사 작품을 완성했다고 했을 때, 저작권은 순전히 창작자의 권리라고 할 수 있을까? 언어 모델을 이용하여 창작을 할 때, 언어 모델의 활용 정도에 따라 크게 세 가지로 구분할 수 있다. 먼저, 언어 모델을 단순히 '도구'로 사용한 경우다. 다양한 AI 도구들이 늘어나면서 언어 모델도 하나의 도구에 불과하다면 최종 저작권은 사용자에게 있다고 생각하는 것이 합리적이다(단, 언어 모델의 학습 과정에서 저작권 있는 데이터의 사용 여부는 별개로 하자). 다음으로, 언어 모델과 '협업'을 통해 작업을 완성하는 경우를 생각해 보자. 이 경우는 일종의 공동 창작이 되며, 사용자와 언어 모델의 공동 저작권이 합리적으로 보인다. 그런데 컴퓨터 또는 인공지능도 저작권을 가질 수 있을까? 현재의 법률적 해석과 판단은 "인공지능은 저작권법상으로 저작자의 지위를 가질 수 없다"며, 마치 "원숭이가 우연히 셔터를 눌러 사진을 찍었을 때 원숭이에게 저작권을 인정하지 않는 것과 같은 것으로 해석한다"(윤종민, 2023). 하지만, 인공지능이 원숭이보다 지능이 높아지면 이에 대한 해석과 판단도 변하지 않을까? 마지막으로, 언어 모델이 '주 창작자'가 되고 사람은 단순한 입력만 하는 경우를 생각해 보자. 예를 들어, 제목과 간단한 로그라인 정도만 입력으로 넣어서 최종 결과물을 보거나, 또는 언어 모델의 출력 결과에 따라 버튼을 누르며 '최종 결정' 정도의 역할만 한다고 생각해 보자. 법률적 이슈와 무관하게 윤리적으로 과연 내가 '창작자'라고 할 수 있을까?

언어 모델 사용 시 세 번째 문제는 언어 모델의 '환각(hallucination)' 증상이다. 언어 모델은 기본적으로 확률이 높은 단어 또는 문장을 출력으로 나열하도록 학습되어 있다. 2022년 11월 챗GPT(ChatGPT)가 처음 등장했을 때 사람들은 "인공지능이 거짓말을 잘하네요"라고 말하며 웃곤 했는데, 인공지능은 거짓말을 할 수 있는 의식이나 의도가 없으므로 '거짓말'이라기보다는 "그럴듯해 보이지만 정확하지 않거나 의미 없는 정보를 나열"하는 의미로 '환각'이라는 용어를 사용하는 것이 보다 정확한 표현이다. 환각은 보안이나 의료, 윤리적 결정과 같이 민감한 분야에서 언어 모델을 사용할 경우 아주 작은 오류라도 큰 문제를 야기할 수 있다. 다양한 도메인에서 언어 모델의 환각 증상을 완화하려는 시도가 있으나, 현재 언어 모델 학습 알고리즘의 특성상 환각은 완전한 제거가 불가능한 것으로 알려져 있다(Xu et al., 2024). '창의적 글쓰기' 분야에서는 환각 문제가 상대적으로 덜 민감한 문제일 수 있지만, 소설이 우리의 삶 속의 일면을 대변하는 '가치'를 갖고 있다고 할 때, 완전히 무시할 수는 없다.

넷째로는 언어 모델 출력의 '유해 표현'과 언어 모델 자체의 '편향(bias)' 문제다. 현재의 언어 모델들은 잘못 사용되는 것을 막기 위해 욕설이나 성적 표현 등의 '유해한 표현'은 출력으로 금지되어 있다. 하지만 '환각'은 불가피한 언어 모델의 특성 중 하나이며, 학습 데이터에서 언어 모델 자체의 편향적 특성이나 불공평성(예: 성이나 인종, 종교 등에 대한 편향)을 내재하고 있을 수 있다(Gallegos et al., 2024). 소설과 같은 창의적 글쓰기 분야에서도 예를 들면, 주인공은 남자, 희생자는 여성으로 묘사하는 경향을 보일 수 있다. 또한, 언어 모델의 편향이 제거되었다고 해도 사용자가 '탈옥(jailbreak)' 등의 방법을 통해 언어 모델이 유해 표현을 출력할 수 있게 하거나 의도적으로 편향을 시킬 수도 있다(Wei et al., 2024).

마지막으로 고려해야 할 사항은 사용자의 인공지능에 대한 과의존(over-dependence) 문제다. 간단한 명령어 또는 버튼만 눌러 결과가 나온다면, 인공지능의 발달만큼 사용자의 인지 · 창의 능력도 빠르게 감소하지 않을까? 실제로, 언어 모델 기반의 챗봇 시스템을 이용하면서 학생들의 인지와 판단 능력 감소가 우려된다는 연구가 있다(Zhai et al., 2024).

언어 모델의 부정적 면을 강조한 면이 있지만, 언어 모델은 '창의적 글쓰기'라는 어려운 과제 해결을 위한 좋은 '협업 도구'로서의 가능성이 충분히 있다. 단, 안전하고 윤리적이며 사회적으로 도움이 되는 인공지능 개발을 위해 인공지능 이외에 HCI, 인문학, 교육학, 심리학, 법학 등 서로 다른 분야의 연구자들이 모여서 인공지능의 올바른 쓰임에 대해 함께 논의할 필요가 있다.

참고문헌

김민희(2020). 창의적 글쓰기 교육의 현황과 방향. ≪한국콘텐츠학회 논문지≫, 20(12), 311-321쪽.

노대원·홍미선(2023). ChatGPT 글쓰기 표절 대응과 교육적 활용 전략. ≪국어교육연구≫, 82, 71-102쪽.

윤종민(2023). 인공지능(AI) 창작물의 저작권관계 정립 방향. ≪강원법학≫, 73, 1-52쪽.

Bender, E. M., et al.(2021). On the dangers of stochastic parrots: Can language models be too big?. *Proceedings of the 2021 ACM conference on fairness, accountability, and transparency (FAccT '21)*, pp.610-623.

Chatman, S.(1980). *Story and discourse*. Cornell University Press. 홍재범 옮김(2019). 『이야기와 담화』. 호모루덴스.

Gallegos, I. O., et al.(2024). Bias and fairness in large language models: A survey. *Computational linguistics*, pp.1-79.

Hern, A.(2022). AI-assisted plagiarism? ChatGPT bot says it has an answer for that. *The Guardian*.

Lee, M., et al.(2022). Coauthor: Designing a human-ai collaborative writing dataset for exploring language model capabilities. *Proceedings of the 2022 CHI conference on human factors in computing systems*, pp.1-19.

Mirowski, P., et al.(2023). Co-writing screenplays and theatre scripts with language models: Evaluation by industry professionals. *Proceedings of the 2023 CHI conference on human factors in computing systems*, pp.1~34.

Tang, B. L.(2023). The underappreciated wrong of AIgiarism-bypass plagiarism that risks propagation of erroneous and bias content. *EXCLI journal*, 22, pp.907-910.

Vaswani, A., et al.(2017). Attention is all you need. *Proceedings of advances in neural information processing systems*.

Wei, A., et al.(2024). Jailbroken: How does llm safety training fail?. *Advances in neural information processing Systems*, 36.
Xu, Z., et al.(2024). Hallucination is inevitable: An innate limitation of large language models. *arXiv preprint arXiv:2401.11817.*
Yang, D., et al.(2022). AI as an Active Writer: Interaction strategies with generated text in human-AI collaborative fiction writing. *Joint proceedings of the ACM IUI workshops*, 10, pp.1-11.
Yao, L., et al.(2019). Plan-and-write: Towards better automatic storytelling. *Proceedings of the AAAI conference on artificial intelligence*, 33(1), pp.7378-7385.
Yuan, A., et al.(2022). Wordcraft: story writing with large language models. *Proceedings of the 27th international conference on intelligent user interfaces*, pp.841-852.
Zhai, C., et al.(2024). The effects of over-reliance on AI dialogue systems on students' cognitive abilities: a systematic review. *Smart learning environments*, 11(1), 28.

배병철

홍익대학교 게임학부 게임소프트웨어전공 조교수다. 고려대학교에서 전자공학과 학사 및 석사 학위를 받았고, 미국 노스캐롤라이나 주립대학(North Carolina State University)에서 '놀람 유도를 위한 계산형 서사 생성 모델(A Computational Model of Narrative for Surprise Arousal)'의 제목으로 2009년에 전산학 박사학위를 받았다. 엘지전자 정보통신연구소(1998~2002)와 삼성전자 종합기술원(2009~2011)에서 주임 연구원과 전문 연구원으로 각각 근무했고, 덴마크의 코펜하겐 IT 대학교(IT University of Copenhagen)에서 방문 연구원과 시간 강사(2011~2014)를 했으며, 성균관대학교에서 BK 연구교수로 근무했다(2015). 홍익대학교(세종캠퍼스)에서 전공 주임 교수와 전산팀장 등의 업무를 담당했고, 정보과학회 인공지능소사이어티 산하 인공지능연구회 운영위원으로 활동하고 있다. 2008년부터 지금까지 인공지능과 스토리텔링, 그리고 HCI 분야에서 약 80편의 논문을 KCI, SCIE, SCOPUS 등의 등재 학술지와 국내외 학술 대회에 게재했다.